阿多的职场表达法

「スルーされない人」の
言葉力

[日] 蟇田吉昭 —— 著
于航 —— 译

中国科学技术出版社
·北京·

"SURUSARENAI HITO" NO KOTOBA RYOKU
Copyright © 2021 by Yoshiaki HIKITA
Illustrations by Wataru YAGI
Design by Kenta MIMORI (JUNGLE)
All rights reserved.
First published in Japan in 2021 by Daiwashuppan, Inc. Japan.
Simplified Chinese translation rights arranged with PHP Institute, Inc.
through Shanghai To-Asia Culture Co., Ltd.
北京市版权局著作权合同登记　图字：01-2022-2171。

图书在版编目（CIP）数据

阿多的职场表达法 /（日）蘗田吉昭著；于航译 . — 北京：中国科学技术出版社，2022.9
　ISBN 978-7-5046-9768-4

Ⅰ . ①提… Ⅱ . ①蘗… ②于… Ⅲ . ①语言表达—通俗读物 Ⅳ . ① H0-49

中国版本图书馆 CIP 数据核字（2022）第 143154 号

策划编辑	申永刚　王　浩	责任编辑	韩沫言
封面设计	马筱琨	版式设计	蚂蚁设计
责任校对	邓雪梅	责任印制	李晓霖

出　　版	中国科学技术出版社
发　　行	中国科学技术出版社有限公司发行部
地　　址	北京市海淀区中关村南大街 16 号
邮　　编	100081
发行电话	010-62173865
传　　真	010-62173081
网　　址	http://www.cspbooks.com.cn

开　　本	880mm×1230mm　1/32
字　　数	119 千字
印　　张	6
版　　次	2022 年 9 月第 1 版
印　　次	2022 年 9 月第 1 次印刷
印　　刷	北京盛通印刷股份有限公司
书　　号	ISBN 978-7-5046-9768-4/H・96
定　　价	49.00 元

（凡购买本社图书，如有缺页、倒页、脱页者，本社发行部负责调换）

序言

会用"自己的语言"说话的人才有存在感

"through"一词的本义为"穿过""通过""经过"。20世纪90年代的日本,人们常在网上用"through"一词来形容对他人的发言充耳不闻,而现在则多表示"无视"之意。例如:<u>好不容易鼓足了勇气才说出口,没想到却被人无视了。</u>

被人无视绝不是什么令人愉快的事情,这就相当于别人用无声的语言告诉你:"在这里你并不受欢迎""没有眼力见""没有人喜欢你"。特蕾莎修女[①]曾经说过:

"爱的反面不是仇恨,而是漠不关心。"

任何人被人无视之后,必然都会感受到那份漠然,暗自忍受那份得不到关爱的苦楚。

---

① 特蕾莎修女(1910年8月26日—1997年9月5日),原名阿涅泽·冈婕·博亚久,阿尔巴尼亚裔印度籍罗马天主教修女、传教士,1979年诺贝尔和平奖获得者。截至1996年,她在全球百余个国家运作了超过500个慈善项目。——译者注

不知你在职场中是否有过下述经历。

"开会轮到你发言，渐渐地大家都对你发言的内容失去了兴趣，注意力也开始逐渐涣散。"

"上司对你的企划书提不起兴趣，认为你的话总是说不到点子上。"

"听了你在企划说明会上的发言后，大家总是觉得没有什么亮点。"

就像这样，每天都在轻度的"被无视"中度过，渐渐地我们的自信被消磨殆尽。

每天都处于被上司、同事及商业合作伙伴无视状态中的我们，就快要被"慢性自我否定"所吞噬。处于这种状态当中，恐怕谁都没办法安下心来工作吧。

那么，为了提升自己的存在感，我们究竟该做些什么呢？

在进入正题之前，我先来谈谈自己的工作吧。

37年来，我一直在一家名为"博报堂"的公司从事广告创意和为政治家、企业家撰写发言稿的工作。具体来说就是考虑如何运用语言让那些对政治及产品不感兴趣的人们为之驻足，为之瞩目。

另外，我还在明治大学等多所高等院校及商学院中教授与语言有关的课程。在近十年的岁月里，我目睹了学生们在就职、工作及换工作当中屡屡碰壁、烦恼不已的情形。

此外，我还与《朝日小学生新闻》及"博报堂教育财团"携手,致力于培养、提高中小学生的社交能力,并亲眼见证了他们的成长。

因此,我亲眼见证了下至小学生、上至政治家是如何通过改善表达技巧来提升自己存在感的过程。同样我也见到了很多人因无法发掘出个性化语言而屡屡受挫的窘态。

在本书中,我要使出浑身解数,将自己的宝贵经验传授给因"自己的发言经常被人无视"而烦恼的读者朋友们。

本书的构成大致如下。

第1章 加深"自我理解"就不会被别人无视

过于在意他人的目光,一味迎合他人的话,别人就会认为你的意见没有可取之处,你自然会被他人所无视。

首先要盘点自己的过去,认清自己是属于什么类型的人。回首过往,肯定能发现自己的优点和积极的部分,让我们就从这里起步吧。

第2章 丰富词汇,提升自己的存在感

语言过于单调的话,经常被人忽视也不足为奇。

我认为单纯通过查字典或是读书的方法增加词汇量并不容易,"词汇"源自生活。将本章中介绍的方法付诸实践,你就会变成一个语言丰富、说话有深度、有分量的人。

第3章 掌握正确的表达顺序

发言时总是偏离主题乃至语无伦次的人,非常有必要反省一

下自己的"表达顺序"。熟练掌握本章中所介绍的技巧,你就能轻易捋顺发言内容,一张"讲话设计图"便呼之欲出了。如此一来,我们在发言时就再也不会不知所谓了。

第4章　转换视角

要想让自己的语言触动对方的心弦,进而对其行动产生影响,就要从"新的视角""易于做出选择的视角""易于理解的视角"等多方面着手。

本章会介绍一些如何从多个视角着手以及在多个视角之间互相转换的技巧。

第5章　讲出具有感染力的语言

最后,也是最重要的一点,就是要让对方产生共鸣。

为此,我们就要掌握一些能够激发对方干劲和能够让对方深有感触的语言,让对方成为你所讲述的"故事"的忠实听众。如果你能够走到这一步,相信就再没有人会无视你的发言了。

如今新冠肺炎疫情在全球范围内传播,人们的沟通方式也因此发生了巨大的变化。随着远程会议的日益普及,依靠肢体语言进行"无声的交流"会变得十分困难。与此同时,语义模糊暧昧的语言也将成为远程会议交流中的一大障碍。

其实在交流当中,语义严谨本就是一件理所当然的事情。

在这种情况下,交流时惯于用图片及表情包的人和乐于用自己的语言进行交流的人之间的表达能力的差距会越来越大。

我衷心希望各位读者朋友能够成为"不被他人所忽视、存在感超强的人"。

让我们跟随中田晴和他的爱犬阿多，在这本书当中找出提升存在感的终极法门吧。故事是从中田晴参加完远程会议后，回到房间的那一刻开始的。

我相信各位读者在将本书中介绍的24种方法进行反复实践后，你们的语言一定也会具备让别人心悦诚服，从而提升自己存在感的魔力。

那么，就让我们踏上征程，见证自己豁然开朗的那一刻吧。

蟇田吉昭

目录

序幕　中田晴与阿多　001

步入社会后，中田晴仍为表达能力差的问题所困扰　001

儿时的爱犬阿多现身　005

主要登场人物　009

第1章　加深"自我理解"就不会被别人无视　011

问题1　无论谈论什么话题，都无法给别人留下深刻的印象　012

方法1　说到重点时，一定要把"我"加进去　013

问题2　"个性"究竟是什么？　017

方法2　从昔日的照片中发掘"故事"素材　018

问题3　虽说是自己的事，但无论如何也说不清楚　022

方法3　可以用"特定内容"来制造切入点　023

问题4　怎样才能不在意人们的目光，更好地展现自我呢？　027

方法4　从他人的赞扬中发现自我　028

问题5　好想让别人说"很想跟你一起共事"　032

方法5　通过"广告"的方式来进行自我宣传　033

阿多对第1章的总结　036

故事1：中田晴的挑战　040

第2章　丰富词汇，提升自己的存在感　043

问题6　即便是自己感兴趣的事物，也说不出究竟好在哪里　044

方法6　用"语言的磁石"丰富表达　045

问题7　被人说"听了你的话之后一头雾水"怎么办？　049

方法7　让语言"活"起来　050

问题8　如何让自己的语言不会太单薄？　055

方法8　谈话时，不妨多用些成语　056

问题9　怎样做才能让发言引人入胜、条理清晰？　060

方法9　"三大定式"让你的语言简明易懂　061

问题10　如何才能适可而止、避免老生常谈？　065

方法10　逐步纠正自己语言中的问题　066

阿多对第2章的总结　070

故事2：中田晴向白田彩香说起阿多的事情　074

第3章　掌握正确的表达顺序　077

问题11　怎样才能克服用词随意的毛病？　078

方法11　讲话的三级跳原则　079

目录

问题12　有人指出我的话总是不够简洁、要点不明晰　082

方法12　在阐述"结论"前先汇总　083

问题13　有时候连我自己都不知道自己想表达些什么　087

方法13　防止跑题的"三段法"　088

问题14　如何让对方欣然接受自己的观点？　093

方法14　一边迎合对方的"预期"，一边展开话题　094

问题15　批评会令我情绪低落、萎靡不振　099

方法15　用五倍的"正信息"还以颜色　100

阿多对第3章的总结　103

故事3：中田晴接受"开发洋葱菜谱"的命令　106

第4章　转换视角　111

问题16　搞创新时，我简直毫无头绪……　112

方法16　弄清"市场""产品""共创"三者之间的区别　113

问题17　如何才能让营销"百发百中"？　117

方法17　要有意识地将自己的商品分级　118

问题18　如何才能抓住对方的心？　122

方法18　将商品的"卖点"与"顾客能得到的实惠"区分开　123

问题19　如何打造属于自己的金句？　127

方法19　通过"卖方语言""买方语言"及
　　　　"进化的语言"让对方行动起来　128

问题20　如何让语言拥有感动每一个人的穿透力？　132

方法20　增强解读他人心理的能力　133

阿多对第4章的总结　136

故事4：中田晴和白田彩香埋头研发新菜谱　140

第5章　讲出具有感染力的语言　143

问题21　什么样的语言才算具有感染力？　144

方法21　让自己的语言变得更抽象　145

问题22　什么样的结束语能让对方跃跃欲试？　149

方法22　突出"成就感"就会让对方欲罢不能　150

问题23　不紧张的要领是什么？　154

方法23　运用"262法则"扫视会场　155

问题24　怎样才能博得满堂彩？　159

方法24　按照"故事共享表格"去做　160

阿多对第5章的总结　165

故事5：中田晴和白田彩香的企划说明会　168

尾声　阿多走了！　173

后记　从阿多那里学到了什么？　179

序幕

中田晴与阿多

"唉，还是没能通过……"

远程会议结束后，中田晴望着自己房间的天花板感叹道。

中田晴在一家名为大和食品的大型连锁超市担任采购员，他的职责就是发掘和采购具有赢利能力的食品和食材，以充实自家超市的货架。在此过程中，他除了跟厂家交涉、说服公司接纳自己的观点，还得考虑怎样才能将商品销售出去。

总之，这是一份时刻都在考验他的沟通能力的工作。

"提案连续4次都没被采纳，该说的话我都说了呀……"

中田晴十分苦恼。

步入社会后，中田晴仍为表达能力差的问题所困扰

中田晴素来不善言辞。

上小学时的他天真烂漫，一切都很正常，但自从上了中学以后，他开始在意别人的看法，于是一切都变了。

为了躲避老师的目光,他总是低着头,一言不发;他对班里发生的一切都很敏感,每说一句话都小心翼翼,生怕惹上什么是非。

到了找工作的时候,他开始焦虑起来。

因为他总是在迎合别人,所以根本就不知道自己到底想做些什么。

后来,他终于想起自己小时候对烹饪非常感兴趣,于是决定将找工作的重心放到饮食行业上面。

功夫不负有心人,最后大型连锁超市大和食品向他抛出了橄榄枝。

"我喜欢烹饪,希望能够做出一款像'健康便当'一样的产品。"

这是中田晴的梦想,但入职以后不久,他的梦想便破灭了。

当他亲眼见识了公司那好似大学体育社团般的氛围后,便心生了几分胆怯,而自己又被分配到了最为艰苦的食品企划部,更让他产生了立刻递交辞呈的想法。

但当工作步入正轨后,他又发现自己对这份工作乐在其中。

无论是盛产金枪鱼的那智胜浦[①],还是以健康饲料饲育肉牛的十胜[②],都能见到中田晴的身影。

虽说中田晴的工作以出差为主,在各地奔波的忙碌让他暂时忘却了在公司中的种种不快,但现实是残酷的。

"中田,你真的觉得这款商品会有销路吗?"

参加远程会议时,屏幕中传来了上司山本一彻严厉的声音。

接下来发生的事情才是最让中田晴感到无奈和痛苦的。要想让自己选中的食材成功摆上超市的货架,采购人员就要在采购会议上向上司提交报告。

对中田晴来说,挡在自己面前的第一座大山就是部长山本一彻。山本部长在读大学时参加过剑道部的活动,声如洪钟,与人打交道时总是一副高高在上的态度,中田无论如何也无法对这个人产生好感。

在他的面前,中田只觉得头脑中一片空白。或许是中田过于强烈地希望自己的计划能够通过,因此每次举行远程会议时,他

[①] 位于日本和歌山县,有那智瀑布、胜山城等著名景观。——译者注
[②] 位于日本北海道,指日本古代政令国之一十胜国所处的位置,现辖广尾、河东、十胜等七郡,自然风光十分优美。——译者注

总是会以近乎幼稚的口吻强调："总之一定能行！"

　　正因为如此，山本总是会毫不犹豫地否决他的提案。

　　这次，中田发现了一种洋葱，培育这种洋葱的肥料是由啤酒酵母和天然肥料按照绝佳的比例精心配制而成的。与以往一样，面对山本抛出的一系列问题："这种洋葱究竟有什么优势""谁会吃这种洋葱""跟普通的洋葱有什么不同""顾客的反响如何"等，中田仍旧被问得哑口无言。

　　"中田，要想过我这一关，你就得好好考虑一下，究竟怎样说明才能引起超市店员和顾客的兴趣。"

　　"如果做不到这一点的话，那么你的存在就没有丝毫意义！"

　　"加把劲儿，争取过了我这关，哪怕只有一次也行啊！"

　　说完，山本便结束了会议，只留下中田一个人呆呆地望着天花板。

儿时的爱犬阿多现身

"你的存在毫无意义!"

听到这句话,中田的身体从椅子上滑落到地上,无力地闭上了眼睛。

一股无力感骤然袭来,顿时,他只觉得自己的手臂、眼皮乃至全身变得沉重无比,头脑也随之变得沉重起来。

他再次睁开眼睛时,已经是黄昏时分了。

夕阳拖着长长的影子,在天际闪烁着明暗不定的白色光芒,柔和的色调逐渐勾勒出的轮廓看起来好像是一团毛茸茸的蒲公英。

中田揉了揉眼睛,几乎一跃而起:

"啊?阿多,是你吗?"

阿多是中田儿时饲养的一只刚毛猎狐犬。

由于阿多有一侧的耳朵是略微下垂的,所以中田一眼就认出了它。

"阿晴,我有点不放心,所以才来这里的。"

阿多对中田说道。

但阿多的"放心不下"却让中田觉得很不是滋味。

"有什么放心不下的?"

"阿晴啊,其实我一直都在背后默默地观察你,为你鼓劲。但今天山本部长的那句'你的存在毫无意义'让我有点儿着急。"

"你现在的思维方式、说话方式和倾听别人说话的方式,很难触动人的心弦,也难给人留下深刻的印象,更不用说让人点头称是了。你现在的表达能力很容易让你被其他人忽视。"

"话虽如此,但……"

"告诉你吧,阿晴,想要让对方接受你的观点,无论是读书还是模仿他人的做法都无济于事。"

"能够拯救你的,只有你的过去。正是你从前的过错、逃避和怠惰,导致你今天语言的贫乏。只要你能够意识到这一点,相信你很快就会从现在的阴影中走出来。"

"我一直在暗中观察你,所以我知道应该怎么教你。"

"当初的点点滴滴造就了现在的你。"

中田怔怔地望着阿多,分不清眼前的一切究竟是真的还是在梦里。

上小学的时候,他的身边总是有爱犬阿多相伴,无论是在河边奔跑,还是在运动场上疾驰,甚至就连洗澡时也形影不离。

阿多了解中田的过去,它此番就是为了帮助中田提升他的存在感而来的。

那么,就让我们看看阿多到底有何忠告吧。

一段奇妙的旅途就此揭开了序幕。

主要登场人物

中田晴

大型连锁超市大和食品的食品企划部员工。从学生时代开始就不善于表达自己的观点。参加工作将近3年了，仍然因为表达能力欠佳而经常被人无视，整个人也因此变得非常不自信。

阿多

中田晴的爱犬，在中田晴大学一年级的时候就去世了。为了帮助中田晴解决"经常被人无视"的烦恼，特地从另一个世界赶了回来。总是以哲学家的视角观察中田晴，并不时为他鼓气加油。

白田彩香

公关部的王牌，跟中田晴同期进入公司。擅于向人们展示商品的魅力，从布置货架到制作公司主页都由她一个人一手包办。性格开朗、工作踏实，十分受上级器重。

山本部长

食品企划部的部长。大学时曾经参加过剑道部的活动。声若洪钟,新人见了他都唯恐避之不及。但实际上他却能够像父亲一样倾听每一个员工的心声,他也因此赢得了众多员工的尊敬。

第1章

加深"自我理解"就不会被别人无视

过于在意他人的目光，一味迎合他人的话，别人就会认为你的意见没有可取之处，自然会无视你的存在。要想提升自己的表达能力，就要从回顾自己的过去着手。在本章中，我们会介绍5种让自己"回归原点"的方法，我建议大家一边翻看过去的照片，一边付诸实践，因为这样做会让我们事半功倍。

问题1

无论谈论什么话题，都无法给别人留下深刻的印象

阿多，真的好长时间没见到你了。让你看到我这么没出息，真让人难堪。其实山本部长说得对，我的存在简直是毫无意义。其他采购人员发言时，大家也经常发出诸如"很有田中的风格""高田的毛病还是没改"之类的感慨。

但从来都没有人说"有中田的风格"，就好像我是一个无名氏似的。我也不敢奢望能够有自己的风格，但每天就好像一个透明人一样，那滋味实在是不太好受。阿多，我究竟该怎样做，才能给大家留下深刻的印象呢？你帮帮我吧。

方法1
说到重点时，一定要把"我"加进去

阿晴，我还记得你上小学的时候，为了不让老师点名，总是低着头。上了中学以后，你怕和其他人意见相左会给自己招来麻烦，所以总是唯唯诺诺。

你总是不敢说出自己的真实想法，不被其他人重视其实都是你自己的选择。至少在我看来就是如此。

但你也不用太着急。过去的毕竟已经过去，只要现在打起精神来，你的人生一定会被成功改写的。我专程赶回来，就是为了给你提一些建议。

阿晴，现在我教给你一个非常简单的办法。这个办法虽然简单，但并不代表它不重要，你可要听好了。

身为次子，你小时候总是喜欢跟哥哥争风头，在父母面前，你总是强调"我"如何如何。你当时的声音我至今记忆犹新。你当时很会表现自己。

但不知为什么，你渐渐长大，言语中的"我"字却越来越少了。

在学校里，你总是担心自己的言行会影响其他人，所以不敢表达自己的想法，说话时主语"我"就逐渐消失了。而现在，你在手机上回信的时候也总是以"明白了""辛苦了""是啊"等结束对话，根本就不在乎主语是什么。

你总是以被动的语气和简单得不能再简单的语言跟人交流，而且你说话时总是断断续续的，所以你在别人眼里变得越来越无关紧要。

在今天的会议上，你是这样说的吧："用啤酒酵母和天然肥料培育出的洋葱，真的，很香。它挺甜的，怎么说呢？回味一下就更香了。"整段话都没有提到"我"的感受，就好像在说一件跟自己毫不相干的事情一样。

阿晴，这其实很简单，你只要有意识地在说话时加入主语"我"就可以了。

"我是这样考虑的""这是我的想法"

"我觉得，使用啤酒酵母培育出来的洋葱十分美味。它不只口感甘甜，那种回味悠长的感觉简直让人欲罢不能。"因为我跟你相处的时间很长，所以我知道，你绝对说不出逻辑这么清晰的话。

你总是怕别人说你"哎呀，今天怎么跟平时不太一样呀"，所以拒绝做出改变。其实这也无可厚非，但是改变并不意味着自我否定。

让我来教你一些简单易行的办法吧。跟别人交谈时，你可以试着使用下述语句。

"这是我的亲身体验。"

"我的想法是这样的。"

"我认为是这样的。"

"这是我的意见。"

<u>只要在描述自己的想法、意见和行动的时候，插入"我如何如何""这是我的××"等语句即可。</u>

"我进行了试吃。用啤酒酵母和天然肥料培育出来的洋葱真的十分美味。它十分香甜，而且回味悠长。"就像这样，要突出自己做过什么。

虽然这段话仍然看似平淡无奇，但却能让对方感知到你是一个有主见的人。

说这段话时有一点需要注意，那就是说到"我"的时候语速要放缓一些，适当提高声音。

这只是一个开始。

讲英语的人很少会省略主语的，这你也知道。英语的句子往往是将主语加动词放在句首，如此一来，谈话的内容就会变得简明易懂，同时，这是谁的意见也一目了然。

你只需将这种说话方式运用到实际交流当中即可。诸如"我也赞成""我提议"等语句,你大可以在与人的交流过程中大用特用。只此一项举措,便可让我们借助语言来提升自己的存在感。略去主语,从客观的视角去陈述事实的话,就会让自己的存在感消失得无影无踪。

什么?你觉得这样做会让别人觉得怪怪的?不要紧,只要循序渐进的话,旁人是不会察觉的。渐渐地,别人一定能体察到你想要表达的究竟是什么。

有我在,你什么都不用担心。

> **要点** 你的存在之所以容易被人忘却,就是因为你说话时略去了"我"这个主语。

问题2

"个性"究竟是什么？

　　阿多，昨天真是太谢谢你了。今天发言时，我试着有意识地添加了主语。在会议上，我刚说了一句："我觉得用啤酒酵母和天然肥料培育出的洋葱简直美味极了。"大家的目光就都"刷"地一下投向了我。看来效果好像还不错。

　　但我还是有些心虚，虽然嘴里说着"我"如何如何，却根本找不出自己究竟有什么与众不同之处。上学的时候，为了能够融入集体，我总是尽量跟其他同学保持步调一致，因此我并没有什么独特之处。所以在大声强调着"我"如何如何的时候，我真的没有一点自信。你一定要告诉我，究竟该怎样做，才能让人发掘出"中田的与众不同之处"呢？

方法2
从昔日的照片中发掘"故事"素材

阿晴,丰田汽车公司首席执行官丰田章男的母校是美国巴布森学院,这你是知道的,但你是否知道他在该校的毕业典礼上发表的演讲呢?

"我在巴布森学院上学的时候,面包圈算得上是能带给我快乐的东西之一了。"

"美国的面包圈固然是做得非常出色,但我从没想过它能带给我如此的欢愉。我希望你们每个人都能找到属于你们自己的面包圈。如果你找到了能够令你着迷的东西,千万不要随便放手。"

现在你的头脑中一定会浮现出一个刚出锅的面包圈吧。

听过他演讲的巴布森学院的学生们,头脑中肯定也会浮现出一个面包圈,而且今后每当他们大口嚼着面包圈的时候,肯定也会记起当天丰田章男所说的话。

实话跟你说吧,不用把"个性"什么的想得太复杂,探索自己个性的过程,其实就是发现属于你自己的面包圈的过程。

第1章 加深"自我理解"就不会被别人无视

从照片中寻找亮点

那么阿晴,赶紧翻看你过去的影集,看看有没有能够凸显出你的个性,或者让人看了以后会觉得你很出色的照片吧。

上初中时,你加入了田径部,但却总是跟不上别人的脚步;上高中时,你又加入了一个蹩脚的乐队,成了一个蹩脚的贝斯手,这些的确很难让人看出你有什么出彩之处……对了,你之所以能够在大和食品就职,不就是因为你喜欢厨艺吗?对了,你以前不是经常帮妈妈做饭吗?我还记得你经常帮忙削土豆皮、磨芝麻粉呢。

你的确有一张帮妈妈烹制咖喱的照片。幸亏我还记得这件事。

这张照片就是你的宣传海报。那么,请你就从这张照片着手,创作一部属于你自己的"中田物语"吧!

写故事最重要的是动机。换句话说,你一定要弄清楚自己为什么要讲这个故事。

弄清楚动机之后,你就要以此为中心,从那满是回忆的画面中进一步寻找线索。大体上就是如此。

"我从小就喜欢厨艺。我喜欢和母亲一起在厨房里忙活,母亲做菜的时候,我就帮她削土豆皮。得到母亲的夸奖,我心里别提有多高兴了。"

接下来,就要把现在的情况也添加进去。

"现在我依然喜欢厨艺。尤其是切圆白菜丝的时候,感觉真的很解压。"

将诸如此类的自我介绍发布到社交媒体上,然后每天都自带便当,这就是对自己喜欢厨艺的最佳宣传。长此以往,自然就会在人们的脑海中留下"喜欢厨艺的中田晴"的印象了。

就如同丰田章男在人们的脑海中留下"大口嚼面包圈的丰田章男"的烙印一样,你也要尽力将"切圆白菜丝的中田晴"的形象烙在人们的脑海之中。

在对方的脑海中贴上令其印象深刻的"照片"

阿晴,现在你可能会认为已经将自己喜欢厨艺的事展现得淋漓尽致了吧。

你还是太天真了。你觉得是"喜欢厨艺的中田晴"还是"为了缓解压力切圆白菜丝的中田晴"更容易留在人们的脑海当中呢?答案肯定是"切圆白菜丝的中田晴"。

我们想起某个人的时候,头脑中总是会浮现出关于那个人的最具体的画面。

显然,较之"喜欢厨艺"这一事实,"切圆白菜丝的样子"肯定更加具体,更容易在人们的脑海中留下印象。

让你的上司一见到你,脑海中立刻就会浮现出你切圆白菜丝时的样子。

第1章 加深"自我理解"就不会被别人无视

他对你有了印象以后,肯定会有诸如"这次听一下中田的意见吧""让中田试试,看他能否完成这项工作"等想法。甚至他还可能找你讨论关于新菜谱的问题,或者让你去体验新产品等。

如果对方对你没有什么印象的话,则很可能会把一些枯燥乏味的工作交给你来做。所以,一定要在对方的脑海中留下一张对自己有利的且能给对方留下深刻印象的"照片"。如此一来,每当对方看到你,自然就会跟你聊起相关的话题。经过长期不懈的努力,相信人们只要一见到你,脑海中立刻就会闪现出这样的念头:"中田是个喜欢厨艺的人。"

为了提升自己的存在感,你必须让人们只要一见到你,脑海中就立刻浮现出一幅鲜活的画面。为此,你要精心选出一张足以将印记深深留在人们脑海当中的"照片"。例如,对于丰田章男而言,面包圈是绝佳的素材,而对于你而言,最好的素材则是圆白菜丝。

你无须愁眉不展。你大可以模仿丰田章男的演讲,试着讲述属于你自己的故事。无须害羞,尽情地去演绎自我吧。

你更无须担心,因为我一直都在你的身边。

要点 | 要在别人的脑海中留下一幅具体鲜活的画面。

021

问题3

虽说是自己的事，但无论如何也说不清楚

阿多，没想到你居然还记得我帮妈妈做咖喱的事。我翻看了一下旧时的照片，发现自己的确也有很多喜欢的事情和值得夸耀的事情。真是太谢谢你了。

但我有好多事情即便自己心里明知道是么回事，却总是无法很好地表述出来。比如说找工作的那段时间，自我介绍就很让我头疼。我觉得自我宣传总是有些吹嘘的成分，这实在是让人感到羞愧。阿多，你教教我，究竟怎样做，才能让"自我介绍"更加出彩呢？

方法3
可以用"特定内容"来制造切入点

阿晴，我发现，在找工作的那段时间里，你才会认真思考如何才能做好自我介绍。那些日子，你整天都在为怎样才能更好地展现自我而费尽心思。

但从那以后又怎么样了呢？找到工作以后，你是否又认真思考过如何才能做好自我介绍，以及如何才能将最好的自己展现在别人眼前呢？

我替你说了吧。你根本就没有认真思考过。虽说跟全国食品行业的生产者会面也是你的工作之一，但你从不肯好好思考一下应该如何做自我介绍。

所以说啊，你并非不擅长做自我介绍，"不擅长"指的是经过各种尝试后才得出的结论，而你呢，只不过是怠惰罢了。不过不要担心，只要你肯用心，就一定会想出好办法的。

不要随随便便就给自己贴上"不擅长"的标签。

以"特定内容"展开，进行自我介绍

接下来，我会教你该怎么进行自我介绍。

其实，只需让自己的思维专注于某项特定的内容便可。仅此而已。

比如某种事物的来历。就让我们以你的名字"晴"的来历为例来说一说吧。

"我叫中田晴，据说在我出生之前，大雨连下数日，但我出生的那天早上，天气格外晴朗，以至于让人感觉过去几天的阴雨就好像是在梦中一般。父亲见阳光如此耀眼，就给我起名叫中田晴。"

"即便苦难不断，也终将雨过天晴。给我起这个名字时，父亲的心境大概就是这样的吧。其实，这句话也是我的座右铭。"

像这样介绍自己的话，人们不仅会记住你的名字，就连你的座右铭也一并记住了。

下面我们考虑一下如何运用数字来进行自我介绍。

"我的生日是1995年4月22日，是家里的次子，我还有一个哥哥。"

"因为父亲工作调动的关系，上小学时我转过三次学。之后我也总是在搬家，在我26年的人生旅途中，我一共搬了11次家。正因为如此，这也造就了我说干就干的性格。我不会执着于某一件事情，而是随机应变，在面对变化时，能够立刻付诸行动。"

怎么样？这是不是跟刚才那个中田晴判若两人了呢？

"我究竟是一个什么样的人呢？"像哲学家那样抽象地去思考问题的话，无论如何也无法得到自己想要的答案，也永远无法对自己有真正的认识。<u>与其这样，倒不如聚焦于一点，再将相关信息转化成描述自己的语言。</u>

让我们再将视点聚焦在"颜色"上。

"我是在一个有山、有河流、有大海的地方长大的。天空和大海都是蓝色的，远处是霞光笼罩的山峰，我就是在这样的美景中长大的。直到现在，我依然十分热爱大自然，喜爱自然中的蓝色和绿色。我的名字是'晴'，所以我也喜欢晴天的太阳那耀眼的光芒。"

这样一来，你跟全国食品行业的生产者见面，进行自我介绍时，给对方留下的印象就会比"我是大和食品的中田"深刻得多了。

摆脱"固定格式"的束缚

找工作时，自我介绍只需依照固定的格式即可。

<u>但商务活动中的自我介绍，仅仅套公式是远远不够的。根据对方的身份、思维和交易的进度等各方面情况，对自我介绍的内容进行灵活的调整，让自己立于不败之地。</u>

如果对方重视的是实际业绩，你就要着重介绍自己的工作成果。如果对方重视的是人脉，你就要着重介绍自己的人际关系网，诸如同乡、校友和同龄挚友等都是很好的素材。

此处最重要的并不是语言表达能力，而是你能否准备足够的素材来制造自我介绍的切入点。

你或许会有这样的担忧："如此一来，我会不会迷失自我呢？"

不用担心，因为这些素材本就是你的一部分，只不过我们用不同于以往的方式将其表现出来了而已。那么，让我们在自己身上发掘出更多的素材吧。

不用担心，有我呢。

要点 | 用多种方式来进行自我介绍。

问题4

怎样才能不在意人们的目光，更好地展现自我呢？

阿多，聚焦于某一特定主题的思维方式的确很有趣。我试着以"尊敬的人""食品""街区"为主题进行自我介绍，结果发掘出了多姿多彩的自我，而其中的人物的的确确都是"中田晴"，真是太感谢你了。

但我又有了新的烦恼。聚焦于某一特定主题虽然可以描绘出多姿多彩的自我，但我还是觉得有点心虚。我总是很在意别人对自己的看法，所以无法更好地将自己展现在别人面前。我太在意别人的目光了。阿多，像我这种情况，究竟怎样才能更好地展现自我呢？你教教我吧。

阿多的职场表达法

方法4
从他人的赞扬中发现自我

阿晴，你以前总是很在意别人对你的看法。

这大概是因为，你觉得一旦说一些自己引以为傲的事情，就会招致他人的嫉恨，成为被欺凌的对象吧。为了避免这种情况发生，你一直都活得小心翼翼。当然，我觉得你有这样的想法并不是你的问题。很多跟你一样的年轻人都很在意身边的氛围及自己与他人的关系。当今的日本就是如此。虽然很无奈，但这就是现实，所以我没有责备你的意思。

但作为一名商务人士，我觉得你更应该考虑如何才能提升自己的存在感，如何才能不被他人视若无物。那么，究竟该怎么做才好呢？你还记得吗？以前别人曾经这样称赞过你：

"小晴总是有些奇思妙想。"（初一时，同桌服部菜菜子对中田的评价）

"中田似乎已经掌握了一些事物的规律呀。"（高一时，座间耀永老师对中田的评价）

"阿晴在打电话时，总是等别人挂断电话，对方不挂断，自

第1章 加深"自我理解"就不会被别人无视

己绝不会先挂断。"（同时入职的岩川大河对中田的评价）

不知你是否还记得这些事？反正我是记得的。这些评价都从某一侧面反映了你的真实情况。你可以利用这些素材好好地展现自我。

"初中一年级的时候，同桌服部菜菜子曾经这样评价我：'小晴总是有些奇思妙想。'在没听到菜菜子这样评价我之前，甚至就连我自己都误以为自己只不过是在经常发呆而已，听了菜菜子的话以后我才发现，自己平时的确喜欢想象一些不同寻常的东西，例如'思维方式能否再改进一下呢''是否还有其他的方法呢'等。喜欢胡思乱想大概也算是一种怪癖吧。也正是因为如此，我才经常会有一些奇谈怪论，这一点请您千万不要见怪。"

在进行自我分析时，将别人对自己的评价作为素材，难免有自欺欺人之嫌，比如"在找工作的那段日子，朋友们都说我'永不言败'"。

但作为一名商务人士，借他人之口进行自我宣传不失为一种有效的手段。其实，这样做还能树立自己经常听取他人意见的形象。

阿晴，试着回顾一下从前别人都是怎么称赞你的吧。

除了向初次会面的商务合作伙伴介绍自己时可以用此方法，如果遇到心仪的女孩子，也可以假装在不经意间跟她说一说。

029

从其他人的口中发掘自己的长处

如果你记不起有什么人称赞过你也不要紧，更不要因此而灰心丧气。头顶着消极的标签，并因此心烦意乱，这样是没法提升工作效率的，只能白白浪费时间。

如果你实在想不起有人称赞过自己，也可以主动询问身边的人："你觉得我有什么优点呢？"

询问对象可以是同事、父母和兄弟姐妹。你究竟会得到怎样的回答呢？还有啊，正在跟你交往的——啊，不——你单恋的对象白田彩香，其实，你也可以鼓起勇气向她征求一下意见。如果觉得当面问难为情，通过手机询问的话，应该也能得到满意的答复。

对了，前几天你的"用啤酒酵母和天然肥料培育的洋葱"方案不是没被采纳吗？当时山本部长说了这么一句话："中田的视角很有意思，但出于盈利方面的考虑……"其实，你完全可以无视部长讲话中的消极因素，即盈利方面的因素，而接纳其"视角很有意思"的观点。

<u>但凡是人，一旦涉及跟自己有关的事情，情绪就会随之起伏，绝不可能无动于衷。客观而理智的分析对我们来说非常有用，所以，要善于倾听别人对自己的评价。</u>

你总是害怕听到别人对自己的评价，为了改变这种状况，你

可以先试着去询问别人对自己有何正面评价。这非常有利于加深你对自己的认识。

最后，让我来给你一个评价吧：你是一个有能力的人，你缺的只不过是行动罢了。但我只想把"有能力"这一积极的评价说给你听。

即便你行动力欠缺，这也没什么大不了的，因为我一直都在你身边。

> **要点** 趁着别人还没对你进行评价之前，赶紧主动去问问别人对你的看法吧。

问题5

好想让别人说"很想跟你一起共事"

阿多，听你向我介绍了从别人的赞扬声中寻找切入点，以及主动向别人询问自己的长处的方法后，我觉得受益匪浅。以前，我总是拿自己跟别人作比较，你说的这些方法，我连想都不曾想过，以至于我一直都认为自己根本就没有什么优点。多亏了你，我才能够更加深入地了解自己。对自己有了清醒的认识之后，我甚至觉得人们对我的态度也不再像以前那样不屑了。

但现在我一说起自己的事，还是觉得难为情。像我这样的采购员，究竟该如何进行自我宣传，才能将工作进行得有声有色呢？我希望总有那么一天，大家都会说："真想跟中田一起共事啊！"阿多，教教我该怎么做吧。

方法5
通过"广告"的方式来进行自我宣传

阿晴,关于加深自我认识的话题,到这里就算是告一段落了。算上这次,我们共介绍了5项内容,如果将这5项内容运用熟练的话,我想你的语言也应该有了自己的风格吧。那么,就让我们开始这次的内容吧。

这次,我们来说一些更加具体的。见到农户或渔民等生产者后,究竟怎样才能让对方接受自己,让对方成为大和食品的供应商呢?下面,我就教给你制胜的方法。

"广告"的宗旨其实是帮助有困难的人

最近,除了电视上,无论是在市内轨道交通工具内、出租车上,还是街头的电子广告牌上,视频广告似乎越来越多了。

广告的种类看似繁多,但万变不离其宗,其实,所有的广告都是由同一个基本型演化而来的。

1.困难

遇到困难(皮肤粗糙、经营管理陷入困境、因远程办公而导致的人事管理方面的问题）。

2.解决办法

此商品可以解决对应的困难（商品名、商品使用方法、使用效果）。

3.问题解决后的效果

问题得到解决后的效果（皮肤变得柔软细腻、各项事务步入正轨、从事人事工作的人们露出喜悦的笑容）。

大体上，广告展现的就是消费者在使用广告商品前后的情况对比。

那么，阿晴，让我们试着把这种方法用在自我介绍上吧。

1.困难

香月农场的香月一家似乎遇到了麻烦。他们用新型肥料啤酒酵母培育出的洋葱正愁没有销路呢。

2.解决办法

我是大和食品的田中晴。（受新冠肺炎疫情影响）如今，人们更倾向于在家里吃饭，我们认为，即便是用来做咖喱等菜品也仍能保留其香甜味道的洋葱蕴含着巨大的商机。用这种洋葱做菜的话，其香甜的味道一定会得到孩子们的青睐。我觉得，您用啤酒酵母和天然肥料培育出来的洋葱非常适合我们的这个项目。

我从小就喜欢厨艺，还跟母亲学了做咖喱的方法，平时也经常自己做咖喱吃，所以我在选择材料方面还是有几分自信的。

第1章 加深"自我理解"就不会被别人无视

如果您生产的洋葱放在我们的超市里销售的话，我们还可以在店内的食品标签上写上"香月洋葱"，并贴上您的照片，您看怎么样？

3.问题解决后的效果

"香月洋葱"在全国范围内普及开来。香月农场的洋葱将成为人们餐桌上不可或缺的材料。当然，味道香甜的洋葱肯定也会大受孩子们的欢迎。

大体上就是这样。我试着不着痕迹地将阿晴的自我宣传元素也加入其中了，我觉得，要是由你亲自上场的话，效果肯定会比这还好。怎么样？试一下吧！

<u>在商务场合，以"解人危困"的姿态登场，就会比较容易取得别人的信任。</u>

以此为基础，<u>在思考"自己究竟是个什么样的人、用什么样的方法来解决问题"的同时，更要在工作的过程中加深自我认识</u>。我希望你能明白，这不是诸如"我究竟是谁"之类的哲学性的思考。在没有掌握自我介绍的相关技巧、没有进行一定的练习之前，先不要妄自菲薄。只要用心，就一定能提升自己的存在感，让人刮目相看。放心吧，因为我一直都在你身边。

> **要点**　"广告"的要领就是替人排忧解难。

阿多对第1章的总结

我跟阿晴诀别，是在他上大学一年级的时候。

他小时候非常开朗，但自从上了初中以后，由于经常跟高年级的学生打交道，他开始变得对周遭的氛围格外敏感。渐渐地，他在班上变得畏首畏尾，发言时也总是察言观色，不敢说出自己的真实想法。说实话，他这个样子，我实在是有些看不惯。

即便如此，他还是顺利进入了大和食品工作。没想到好景不长，由于他思考不够周全，发表见解时常常词不达意，很快，他在公司里就没什么存在感了。

情况有些严重，我觉得自己应该做些什么了。或许是上天听到了我的心声，不知为什么，我竟然出现在了阿晴的房间里，而且还能对他讲话了。

不少名人的演讲中都讲述了关于自己的事情

我首先要解决的问题就是，如何才能让阿晴在表达过程中重拾那消失已久的"自我元素"。像史蒂夫·乔布斯（Steve Jobs）、巴拉克·奥巴马（Barack Obama）、梅丽尔·斯特里普

（Meryl Streep）、艾伦·德詹尼丝（Ellen DeGeneres）、孙正义、植松努及丰田章男等人，他们都留下过足以让整个世界为之感动的演讲。在这些演讲当中，他们或是述说自己的过去，或是阐述自己的价值观。他们当中的任何一个人都能借助自己独具特色的语言，将自己展现在世人面前，给人们留下极为深刻的印象。

现在，我想教给阿晴的就是这个——不逃避、不退缩，勇敢地正视自我。如果能够做到这一点，那么任何一个人都将无法忽视他的存在。

加深自我认识也需要技巧

说起"正视自我"，很容易让人联想到哲学这种抽象的东西，但我们要做的不是这个。对于阿晴而言，他需要的仅仅是一些简单而具体的技巧而已。

首先，我告诉他，在会话时不要省略主语"我"。

人们在说话时，如果采取的是逃避的态度，通常会省略主语，并闪烁其词，试图蒙混过关。以这种方式进行交流的人，通常都会被其他人所无视。于是我告诉他，说话时要明确地说出自己的想法，要多使用诸如"我认为应该这样""我的想法就是这样的"等表述方式。这就是我的第一课。

接下来，我又借鉴了丰田章男的著名演讲，告诉他如何从照片中寻找亮点。当丰田章男说起自己留学时品尝面包圈的事情时，人们的脑海中不禁浮现出了香甜的面包圈，还有他大快朵颐时快活的样子。

那么，一提起阿晴，人们的脑海中会浮现出怎样一番景象呢？经过一番思索后，他终于有了答案。我希望此刻手捧此书正读得起劲的你也能好好思考一下，找出自己认为最有价值的照片，将其用于自我宣传。

如果能做到这一点的话，那么你一定能给人留下深刻的印象。

之后我讲的是关于自我介绍方面的内容。

很多人可能会对自我介绍有些不以为然。其实那是因为他们根本就不知道，自我介绍就相当于一个人的"口头名片"。关于自我介绍，我给阿晴的建议就是，将找工作时的自我介绍加以改进后使用，其内容要根据会话对象的不同而随机应变。至于具体方法嘛，就是要聚焦于自己的某一方面。

然后我讲的是如何"借他人之口表现自我"。

我们对自己的事情总是知之甚少，而别人眼中的自己往往才是最真实的。我们要善于借他人之口表现自我。对我们自己而言，不断从其他人那里获取关于自己的情报的过程，其实就是一种十分有效的学习。

本章的最后，我讲解了如何在实际工作当中展现自我的方法，在这里我采取了套用广告的方法。只有为别人排忧解难的人才是最有存在感的。

我相信阿晴，他有能力，但却总是低估自己的能力。

身为读者的你或许也是这种情况吧。不要轻易给自己贴上"一无是处"的标签，更不要自暴自弃，让我们一起学习，共同进步吧。

走完了"自我认识"这一步，下面我就要讲一讲关于"词汇库"的问题了。词汇贫乏、不喜欢读书，有这种烦恼的并非只有你一个人，这其实是很多人的共同烦恼。没有什么好怕的，因为有我在。

故事1：中田晴的挑战

"你这还是没能表述清楚啊。让人有点失望。"

公关部的白田彩香叹了口气，一边说着，一边走到中田晴的桌子前面。

公司里有很多人都品尝过了用啤酒酵母和天然肥料培育的洋葱，觉得那味道简直太好了。白田女士自然也不例外。

在采购会议上，阿晴很想让这种洋葱通过审批，摆上超市的货架进行销售。"因为是用啤酒酵母和天然肥料培育的，肯定好吃啊！这个跟别的比起来，完全不一样！不管放到什么里，那简直都好吃极了！"阿晴在阐述自己的观点时，虽然热情高涨，但却言之无物，这让白田很失望。

"现在大家都尽量闭门不出，在这种形势下，这种洋葱的销路应该会不错。我自己也用这种洋葱做过咖喱，所以我认为绝对没有问题。但这个项目就因为你的报告没做好而没通过审核，这样看来，如果只是因为这样，岂不是只有口齿伶俐的人的项目才能得到通过？"

白田彩香是跟阿晴同时入职的，从帮各家分店布置货架、制作传单广告等到公司的主页制作，几乎全都由她一手包办。那些满是泥土和尘埃的商品,只要一经她手,立刻就会变成闪亮的热销商品。对于她的付出,采购人员都非常感激。

"我也想讲得更有条理,但我一见到山本部长就头疼,实在是说不到一块儿去。我也跟你一样,用那种洋葱做咖喱,真是百吃不厌。我还试着变换咖喱的口味,也换了好几种不同的蔬菜和肉类,结果都很好吃。我从小就喜欢烹饪,遇到什么不开心的事就切圆白菜丝,这样能缓解压力。而且我对咖喱还是有点研究的,用那种洋葱做的咖喱真的很好吃。我做的咖喱,口感特别绵柔。当然这也是因为这种洋葱味道香甜,而且嚼起来口感也不错。"

听完中田的一番话,白田目不转睛地看着他的脸:

"没想到你还喜欢厨艺啊,我以前怎么不知道。"

"我可是说过无数遍我喜欢厨艺的事了!"

"晴君,大概是因为你没有什么存在感,所以别人才会左耳进右耳出吧。但我真的没想到你那么喜欢厨艺,平时居然用切圆白菜丝的方法来缓解压力,真让我吃惊。"

听白田说完,中田这才意识到:"多亏了阿多啊!"

"在老龄化加剧的日本,老年人自己做饭的需求不断增加。另外,人们都尽量减少外出活动,居家饮食的需求也随之增加,所以简单而不单调、营养均衡而又略显精致的食材肯定能大行其道。"

中田这回将自己的思维聚焦在了"趋势"上面。

"每天为孩子菜谱而犯愁的家长不在少数。这时如果有洋葱的话，那么用来做咖喱、焗菜、汤类等菜肴就手到擒来了。如果手头有沙拉调味料的话，那么做一盘沙拉也是个不错的选择。总之只要是有洋葱，无论多少种菜谱我都能想得出来呢。"

现在，中田又化身为"帮人排忧解难的人"，对自己的话进行了补充。

"晴君，你这是怎么了？一夜之间好像突然变了个人似的。刚才那些话为什么不在会上说呢？很有说服力呀。真可惜！不过没关系，现在跟山本部长说也来得及，我可以陪你一起去。这种商品一定要让它上架！"

由于兴奋，白田的脸颊上透出了一丝红润。

她梳着条长长的马尾辫，露出饱满的额头，显得格外干练，一双明眸中映出了中田晴的面庞。

中田似乎也觉察到了什么，总觉得映在白田的明眸中的自己跟昨天有些不同。他想，今晚一定要把这些变化都告诉阿多。

第2章

丰富词汇，提升自己的存在感

枯燥乏味的且语义不明确的语言以及反复使用相同的词汇会让自己变得越来越没有存在感，乃至彻底被其他人所无视。为语言贫乏而烦恼不已的你，也是可以轻松增加自己的词汇量，并在发言时说出举足轻重的话来的。下面，我就向大家介绍增加词汇量的5个秘诀。这几种方法随时都可以进行实践操练，所以，最好先准备好纸和笔，让我们一边往下读，一边享受实践的乐趣吧。

问题6

即便是自己感兴趣的事物，也说不出究竟好在哪里

阿多，今天白田说，我"好像突然变了个人似的"，我真高兴。其实，我只不过是按照你教的说了而已。不知为什么受到了白田的称赞，我也比以前自信了很多。今天晚上我还有很多问题想问你。

我想你也知道，我看的书实在是少得可怜，所以，我的词汇量也少得可怜。本来很有潜力的商品，经我一介绍，感觉其魅力立刻减了七成。在这个网络已经成为主流的信息时代，我也静不下心来好好看书了。有没有什么简单的办法，能迅速增加我的词汇量呢？求你教教我吧。

方法6
用"语言的磁石"丰富表达

阿晴,其实,你跟白田之间的对话已经被我偷偷听到了。因为无论什么地方,我都可以来去自由。今天,我拜访了大和食品的所在地,暗中观察你的一举一动。被白田称赞了以后,你高兴的样子也被我看在了眼里。

的确,你的词汇量真是少得可怜。你小时候就喜欢看带有配图的书籍,而不喜欢看纯文字的书籍。实际上,较之读书,你还是更喜欢玩游戏,所以,你的语言贫乏也就不足为奇了。

现在,你终于明白了语言到底有多重要了吧。头脑里的词汇量太少的话,对事物的细节进行说明时就会倍感吃力。其实,词汇量并不是通过翻翻字典或是读读书就可以增加的。

那么,究竟该怎么做才好呢?就让我们接着往下看吧。

以谷川俊太郎的《活着》为教材

接下来我介绍的是长大以后丰富自己词汇库的方法。你可要听好了。

阿晴,我想你也一定知道谷川俊太郎的诗《活着》吧?

所谓活着

便是活在当下

是超短裙

是天文馆

是约翰·施特劳斯

是毕加索

是阿尔卑斯山

是邂逅一切美好的事物

此外,还要

小心翼翼地提防潜藏的恶

在这首诗当中,谷川以"活着"一词为"语言的磁石",收集了大量描述"生活中所能感受到的事物"的词汇。对于谷川而言,似乎没有什么比超短裙、天文馆等更能让他感受到生活的真实了。这也让读者产生了共鸣。

阿晴,你也可以试着想象一下"生活中所能感受到的事物"吧。怎么样?是不是跟谷川的感受全然不同呢?这并没有什么好奇怪的。这些其实就是你以"活着"一词为"磁石"收到的词汇。

长大成人以后的语言学习,就是要像这样具有独创性才行。

第2章 丰富词汇，提升自己的存在感

让"语言的磁石"发挥其功效

接下来，让我们试着以"好吃的洋葱"为"磁石"，看看能收集到什么样的语句吧。首先，让我们准备一张白纸和一支笔，然后在纸的正中央写下作为"磁石"的词语。

最初，我们在纸上所写下的词语是"洋葱"。让我们在这个词的周围写下我们能够联想到的语句吧。

不太辣。非常水灵。儿时的咖喱。母亲的泪水。初中时的露营。脆生生的口感。在养老院做志愿者时老人们的午餐。浓缩的味道。增进食欲。炒菜的香味。菜品的最佳配角……

你还能想到其他语句吗？

如果只是查字典的话，字典里只是机械地记载着"洋葱，葱属多年生草本植物"，跟我们用这种方法收集到的语句相比，简直是天壤之别。

让语言更有层次感

如果能将此类靠自己的感觉增加词汇量的训练坚持下去的话，那么我们无论是在看书，还是在听歌的时候，都会有意想不到的收获。此次的"磁石"是洋葱，我们就会不由自主地留意描绘洋葱的精彩语句。

比如，前田亘辉在他的歌曲《洋葱之诗》中唱道："人生就像是一颗洋葱，不剥开来，什么也没有。只怕泪流下。你又何必如此逞强……"从这段歌词当中，我们可以联想到，究竟是洋葱好吃到让人流泪，还是其中的化学成分让人流泪呢？抑或兼而有之？

诸如此类的语句较之单纯的"总之是非常好吃""甜极了"等，其表现力简直有天壤之别。丰富自己的语言，其实就是让自己平常使用的语言更有层次感。

听好了，阿晴。词汇量这个东西，就是在日常生活中日积月累得来的。

在这个世界上，有很多人即使不怎么看书，也照样拥有超强的语言表达能力。所以，你千万不要急着给自己贴上"由于自己上学的时候不怎么看书，所以语言贫乏"的标签。

很多人将自己感兴趣的事物当成"磁石"，不断吸收着从各种渠道获取的与此相关的语言，甚至在街巷上熙来攘往的人群中也能有所斩获。总之，积极的态度就是丰富自己语言的秘诀。

好消息是，由于工作的原因，你总能够和众多的生产者会面。所以，你更要好好留意他们是怎样介绍自己的产品的。放心吧，因为有我在你身边。

要点 | 只需准备一张白纸和一支笔即可。

问题7

被人说"听了你的话之后一头雾水"怎么办？

阿多，把语言当成"磁石"的方法真的很有趣。我试着在纸的正中间写下"阿多"，结果勾起了很多美好的回忆。你喜欢吃奶酪，也喜欢睡在我那床黄色的旧毛巾被上。你教我的增加词汇量的方法，我觉得我已经掌握了。

我还有些事要问你。我不光词汇量少，而且说点什么事也总是表达不清楚。今天就被老员工说："听了中田的话以后，总觉得有点让人摸不着头脑。"你教教我，我要怎么说，对方才能听得真切明了呢？

方法7
让语言"活"起来

说话时,一定要绘声绘色,让人觉得就好像你描绘的情景浮现在眼前一样。

要想让自己的话在别人的头脑中留下深刻的印象,就得让自己的话像演电影一样地"动"起来。当然,这需要一定的训练才能做到。

有这么一件事你还记得吧。

你小学四年级上学期刚开学那阵子,你用画画的方式记过日记。你画得实在是不怎么样,我每天看了之后都会大笑。

但你画得真的很认真。"跳高终于跳过了90厘米!"那天的日记真不赖。你在日记中写着:"虽然屁股碰到了横杆,但幸好横杆没有掉下来。"从那天的日记中,我仿佛能感受到横杆还在那里颤动呢,你描述得非常生动。

绘画日记就好像是电影里的"分镜头剧本"一样,是一种将最具代表性的场景用动态的语言表现出来的训练方式。

1. 找出最具代表性的场景

2. 将其画出来

3. 在图画中添加文字说明

小学四年级的你已经可以通过记绘画日记，让自己的洞察力、理解能力和表现能力都得到提升。那么，不如现在也试着记一下绘画日记吧。

我知道，你画画的水平实在不怎么样，但问题不在于你画得如何。如果你能坚持记绘画日记的话，你的大脑就会重新活跃起来，将日常生活中印象深刻的事件一一回忆起来。过去视而不见的事情现在会得到重视，你的视角也会发生很大的变化。

在添加文字说明时，一定要注意，要选择像"虽然屁股碰到了横杆，但幸好横杆没有掉下来"这样让人身临其境的生动的语言。要让对方的头脑当中浮现出一幅动态的场景，这样你想要表达的东西才能给别人留下深刻的印象。

站在摄像机的视角

下面，就让我们为影像配上文案吧。为了让你的表述具有画面感，请回忆一下摄像机具有的以下功能：

1. 聚焦

接近被拍摄对象

2.横移拍摄

实现镜头的左右移动

3.俯仰拍摄

实现镜头的上下移动

设想你跟朋友一起去吃午饭,你点的是麻婆豆腐套餐。

这家店人气很旺,你终于找到了位置,坐下来开始大快朵颐。但是,由于你吃得太猛,一块豆腐从餐盘中掉了出来。就是现在!让我们"聚焦"一下吧。

"啊,白衬衣弄上污渍了!"

就这一句话,食客就会立刻把目光从那拥挤不堪的店内聚焦到你的衬衣上了。

下面让我们来演示一下"横移拍摄"。你跟白田约会时迟到了。镜头开始横向移动。

"我奔跑着。途中经过邮局、信托银行和一个小公园。但红灯阻止了我的脚步。绿灯终于亮了,我马力全开,继续向前跑去。"

这样写的话,读者头脑中的影像就"活"了起来。

最后是"俯仰拍摄"。今天你一开门，空中飞舞的樱花花瓣就好像快要飘进屋里似的。这时我们可以让镜头从上向下移动：

"我一开门，樱花的花瓣就飘了进来。"

较之"樱花很美"，显然是"一开门，樱花的花瓣便扑面而来，那是春天的气息"更容易给人留下深刻的印象。

像这样，让文章"动起来"，就很容易给人留下深刻的印象。

跟关西[1]的大婶们好好学一学

阿晴，虽然你现在住在东京，但咱们也曾经在关西住过。

你回忆一下，关西的大婶们都是怎么说话的。

"哇！这个咖喱味道不错嘛！虽然看起来不起眼，就跟学校食堂里的咖喱没什么两样，但是汤汁不油腻，米饭松软可口。嘿！仔细一看里边还有香菜呢。师傅你上辈子大概是个印度人吧？"

一听她们说话，当时的情景好像立刻就会浮现在眼前似的。很多关西人都是这么说话的。

---

[1] 指以大阪府、京都府为中心，包括兵库县、滋贺县、奈良县及和歌山县在内的两府四县所在区域。关西地区的日本人经常给人以豪爽、乐观、语言幽默丰富的印象。——译者注

影像的选择（学校食堂里的咖喱）、聚焦的方法（仔细一看里面有香菜）、口感（不油腻、松软），甚至连玩笑（上辈子是个印度人）都描述得非常到位。这让听者的感官得到了全方位的刺激，必定会给对方留下深刻的印象。

阿晴，你要记住，<u>要想让对方印象深刻，就要想办法把自己的语言转换成一部短视频。</u>

即便许多人把名人名言默记在心，他们也往往不知道什么时候能用得上。

与其如此，倒不如多捕捉一些日常生活中令人印象深刻的场景，或者多想想在与别人交流时如何将对方的感官彻底调动起来。坚持记绘画日记，多做在影像中添加语言说明的练习，这些都是有益处的。长此以往，在跟别人交流时，对方的头脑当中就会清晰地浮现出你所描述的画面。

不要担心，因为我一直都在你身边。

要点 | 表达能力强的人都能做到"360度"全方位地转换视角。

问题8

如何让自己的语言不会太单薄？

　　阿多，谢谢你。我把记绘画日记的事跟白田说了以后，她说："哦，这跟插画广告差不多嘛。"我想，我要坚持记下去，这对制作电子广告牌和广告传单也会有很大帮助。

　　接着，她又说了很多："晴君的话总让人感觉有点单薄。难道就不能有点深度吗？晴君说的话总让晴君看起来像个轻浮的人……"

　　我该怎么办才好呢？怎么才能让自己的话变得有深度、有分量呢？你教教我吧。

方法8
谈话时，不妨多用些成语

你呀，让白田说了一句"语言单薄"就不知所措了。你现在的样子让白田看去，她又该说你幼稚了。

我还记得你小学五年级参加汉字测验的时候，把"左顾右盼"写成了"左故右昐"，那时候，你就经常注意力集中不起来。

让我告诉你怎么才能说出有分量的话吧。

的确，无论是在重要会议上的发言，还是在合作伙伴面前的会谈，你讲话的方式跟学生时代相比，几乎没有什么进步。虽然你说话的语气显得较为正式，但遣词造句方面仍然停留在闲聊的水准。说实话，这会让人觉得你没有什么修养。说得不客气一点，这甚至会让人觉得你的能力有问题。希望你不要介意我这么说，毕竟我们是密友嘛。

另外，我这么说，绝不是为了指责你，而是为了帮你。

让我们言归正传，看看怎样才能让自己说出的话更有分量吧。

第2章　丰富词汇，提升自己的存在感

你平时说话喜欢使用成语吗？

初中升学考试之前，你在自己桌子前面贴了一张补习班发的"考试中容易出现的四字成语一览表"。

你还记得吧，刚才所说的"左顾右盼"就是其中之一。

"逆水行舟、意味深长、起死回生、一望无际、有名无实、日新月异、前所未闻"等成语都是小学语文课的内容吧。

"自作自受、自吹自擂、细枝末节、损人利己、随机应变、空前绝后、惊慌失措"也并非什么很难的成语，另外，你还应该记住"异口同声、大同小异、毁誉参半、置之度外、异曲同工"等成语。

怎么样？阿晴，你试过把这些成语用在会话当中了吗？你可能会觉得这些成语太过深奥，不适合用在会话上。那就大错特错了，这些可全都是小学的内容啊。试着在平时的谈话当中用那么一两个成语吧。

- 针对这个企划案，大家各抒己见，最终也没有达成共识。
- 但凡吃过的人，都会异口同声地说："好吃！"
- 相比其他店铺，我们更善于随机应变。在这一点上，我非常有自信。

怎么样？立刻觉得文章变得有模有样了吧？只需把小学学过的成语复习一下，在会话当中不时用上那么一两个，你说出

的话就会变得分量十足。相信很快你就会摆脱言语肤浅的窘境的。

诸如此类的四字成语如今很容易就能在网上查出来，有空的时候你可以上网查一下，觉得用得上的就记下来。

重新确认学过的词语的意思

不光是四字成语的意思，两个字的词语也要重新确认。

你上小学低年级的时候，为了记住"大"字的写法而反复练习，那时候，你的语文课成绩还是不错的。

但上了高年级以后，语文课中出现了"任意""理性""根源""必然""推测"等词语之后，你的成绩开始逐渐变差。如果不好好去查这些词的意思，就没法正确地使用。只在作业本上机械地写上几遍是没有意义的。

<u>此时的你不去查所学词汇的含义，对于词汇的用法，你只是机械地模仿其他人。所以说，你就连小学学过的词汇都没能真正转化成为自己掌握的东西。</u>

不过，其实这也没有什么好担心的。就算你现在依然弄不清"必须"和"必然"之间的区别也没有关系。因为只要花上一小会儿，你就能用智能手机查到它们的意思。"必须，表示事理和情理上的必要"，"必然，指事理上确定不移的"，这样就一目了然了。

只要养成这个好习惯，你说出的话肯定会有分量。不要担心，有我在呢。

要点 | 用成语让语言闪耀出知性的光芒。

问题9

怎样做才能让发言引人入胜、条理清晰？

阿多，我在桌子上贴四字成语表的事你居然还记得，你真是我的好伙伴！是啊，因为我们经常在我学习的房间里一起玩，所以你才会记得这么清楚吧。今天晚上，我也有个问题要问你。

开会时，我一发言，大家就都是满脸无聊的表情，一副心不在焉的样子。山本部长还经常训斥我："发言的时候要分清楚轻重缓急！"就连白田也说："真搞不清楚你发言的重点到底是什么。"阿多，你帮帮我，我究竟该怎么说话才不会让人觉得那么无聊呢？

方法9

"三大定式"让你的语言简明易懂

阿晴,你的心情我非常理解。当你试图表达自己的意见时,见到对方一脸无聊的样子,肯定会觉得很失望吧。尤其是在开远程会议时,对方的面部占据了整个屏幕,对方不耐烦的表情肯定也会被放大数倍。

与线下会议相比,在线会议由于存在非语言信息缺失等弊端,所以很容易让人疲劳,大家的注意力能够集中的时间也比较短。

正因为如此,出色的讲师或是演讲者就更加重视让发言条理清晰的功夫了。

其实这并没有什么难的,我们来看看怎样才能做到吧。

如何强调重点

那么我们开始吧。

某一领域的专家的知识肯定要比普通人丰富。但知识丰富未必就能让对方心悦诚服,想说服对方,还需要进行更加详尽而具体的说明。或许,我们需要的只不过是一句"咒语"而已,那就是在会话当中要经常使用"简而言之""一言以蔽之"及"具体说来"这三个定式。

- 简而言之,这种啤酒酵母培育的洋葱在其生长过程中吸收了大量富含维生素及矿物质等具有抗氧化作用的养分。
- 一言以蔽之,这种洋葱简直算得上是健康食品当中的王者。
- 具体说来,它具有防止代谢紊乱、降低血液黏稠度及预防糖尿病等功效。

阿晴,你要明白,<u>"简而言之""一言以蔽之"及"具体说来"这些语句就是要提醒对方注意,"接下来要讲重点了"</u>。只要在会话当中夹杂这些语句,对方立刻就会明白接下来的内容非常重要。这样一来,你的发言中自然就会流露出哪部分比较重要,哪部分不那么重要,对方自然也就分得清轻重缓急了。

不要考虑得过于复杂,一开始可以先试着在会话中加入"简而言之"。这句话一旦出口,你就会下意识地去思考如何才能把话说得简单明了。至于"一言以蔽之"嘛,其实即便是两句话,甚至三句话也无所谓,总之能够说清楚就行。最后,结合"具体的事例"会让你的发言更加易懂。

<u>在说到重要的事情时,一定要给对方这样的信号:"下面的话非常重要,请你仔细听好了!"</u>

经过反复训练之后,相信运用"简洁易懂的语言"、结合"具体的事例"对你来说将不再是什么难事。

平时，遇事一定要多思考，多考虑诸如"该如何表述才能简洁易懂""如何才能用一句话概括清楚""具体事例到底有哪些"等方面的问题。

我建议你有时间的时候看看视频博主"真子也社长"在网上的视频，相信看了以后，你就会明白如何在说话时做到条理清晰了。

向专业人士学习表达技巧

阿晴，如果你想在工作上更进一步的话，或许应该多看看视频网站上的相关视频，研究一下专业人士的表达方式。从古今中外的著名演讲，到TED大会[①]演讲嘉宾的讲话方法，有很多内容都非常值得我们参考。

最便捷的方法莫过于像平时听音乐那样，利用手机或电脑经常播放一些著名演讲的视频或音频，或者多读一些关于演讲的书。如果能将名人演讲中最言简意赅的讲话内容、最能激起听众兴趣的讲话方法学为己用的话，那是最好不过的了。

商务界人士经常会接触到一些专业术语和行业术语，乃至一些生命周期极为短暂的词汇。我并不希望你在与人交谈时使用

[①] 由美国非营利机构TED组织的演讲大会。TED召集全球在科学、设计、文学等领域的杰出人物，分享其对社会、科技、人生等方面的思考和探索。——译者注

这些词汇。因为你总是待人和善，即便你能够成为食品行业的专家，我还是希望你使用一些平易近人的词汇。放心吧，因为我一直都在你身边。

> **要点** | 越是优秀的人，他的语言就越是简单易懂。

问题10

如何才能适可而止、避免老生常谈？

阿多，多谢你上次教我"条理清晰的表达方式"。这对我来说好像有点难度。虽然我试着在交流过程中加入"简而言之"，但总是无法真正做到言简意赅。

这大概是因为我凡事只看表面，而且语言表达能力平平的缘故吧。这样下去，我在其他人面前依然没有丝毫存在感可言。阿多，究竟怎样才能避免老生常谈，以新的视角去与人交流呢？怎样才能培养出与众不同的思维呢？你教教我吧。

方法10
逐步纠正自己语言中的问题

阿晴,想不到你的进步这么大。能搞清楚自己的缺点在哪里,仅仅是做到这一点就已经很了不起了。从前,苏格拉底提出了"无知之知"的概念,即"我唯一知道的事情是我一无所知"。但反过来,如果能弄清楚自己究竟理解了多少,明白了什么,这也是我们进步的明证。阿晴,不要紧,你能够不断进步的。

接下来,就让我告诉你怎样才能培养出个性化的思维吧。只有不断扩充自己的词汇库,才能在与人交流时让自己的语言深入浅出。

不说"反正……"

阿晴,不知从什么时候开始,"反正是不错"成了你的口头禅。

其实,你根本不知道你说的东西究竟好在哪里,要是让你说出到底是怎么个好法,恐怕你也说不出来。只要别人说什么东西好,你就会假装感同身受,并随声附和:"我也觉得不错!"

你现在仍然没有改掉这个毛病。开会时，对于别人的意见，你总是会发出诸如"反正还不错""反正我觉得还行"之类的回应——什么事都逃不过我的眼睛。

"反正还不错""反正我觉得还行"这种说法，看似是表明了自己的观点，但其实等于什么都没说。你发言本来是想突出自己的存在感，但恰恰是这两句话让你变得毫无存在感。

这样一来，你被大家无视也是理所当然的了。

因为你的所思所想丝毫没能展现在大家面前。

从现在开始，诸如"反正挺不错的""反正挺有趣""反正我觉得还不错""反正挺好吃"之类的语句要在你的语言中一律禁止！

<u>当"反正挺不错"即将脱口而出的时候，你要忍住，不要说出口，并且再思考一下为什么自己想这样说。</u>

进一步发现问题

设想白田端来两盘试制的沙拉。

沙拉A：专为有患高血压风险的人准备的番薯沙拉，富含4-氨基丁酸（有降血压功效）。

沙拉B：用去除苦味的羽衣甘蓝为原料做成的甘蓝沙拉（羽衣甘蓝常被用于榨蔬菜汁）。

此处我们暂且忽略视觉及价格要素，上述内容就是关于这两种沙拉的全部信息。

假设会议上大家普遍倾向于A方案，即番薯沙拉，而且与会人员都认为山本部长也有意采用番薯沙拉。阿晴你也认为番薯沙拉比较不错。

考验你的时刻到了。不准随声附和："反正我也觉得番薯沙拉不错。"你一定要说出番薯沙拉究竟好在哪里。

试试这么说。

我的意见是采用A方案番薯沙拉，其原因有三：

第一，其目标锁定"有患高血压风险的人"，效果和客户目标都非常明确。

第二，"4-氨基丁酸"出现在蔬菜的介绍当中，着实让人眼前一亮，让人有新鲜感。

第三，我认为比起羽衣甘蓝来，番薯早已经广为人知，更容易为人们所接受。

较之"我觉得不错"，这种说法会给人以下感觉。

1.目标明确

以"有患高血压风险的人"为目标，效果及客户目标都非常明确。

2.语言上的新鲜感

"4-氨基丁酸"出现在蔬菜的介绍当中,让人眼前一亮,让人有新鲜感。

3.广为人知

比起羽衣甘蓝来,番薯早已经广为人知,更容易为人们所接受。

从以上三个切入点入手,你的语言就会更加简明易懂。

怎么样?<u>就像这样,从考虑"为什么"入手,通过对"高血压""4-氨基丁酸""番薯沙拉"等词汇的剖析得出的结论,较之"反正感觉就应该是番薯沙拉",其存在感不知要强多少。</u>

除了记忆新的词汇,对现有的信息进行细致的分析,也能实现对自己的词汇库进行扩充。

除了上面列举出的切入点,诸如"数据""趋势""其他人的意见""自己的经历""今天的心情"等信息,你也都可以善加利用。只要能列举出三条左右的理由,在别人看来就非常有说服力。

我觉得你应该能比我分析得更加精彩。相信如此一来,你就没有必要再为语言贫乏的事而烦恼了。放心吧,因为我一直都在你身边。

要点 | 发言分三点,就能引起别人的注意。

阿多对第2章的总结

时隔六年，我又回到了阿晴的身边。

复读一年之后，阿晴终于进入大学学习，工作后，他开始独立生活。他的业余时间大部分都花在了游戏和社交软件上面，但他从不铺张浪费时间，生活得非常有规律。他烧得一手好饭，家务也做得一丝不苟。手帕洗完之后，他总是会小心翼翼地用熨斗熨烫平整。在我看来，他是个无可挑剔的好孩子。

但他身上似乎缺了点关键性的东西，比如野心、志向、对大自然的向往、蓬勃的朝气、坚强的意志。嗯，话虽如此，但在日本当前的环境下，作为年轻人，能够独立谋生已经很不容易了，且没有一天天变得更糟，也已经算得上是"进步"了。当然，即使是这样，阿晴依然没有放弃努力。

我是从另一个世界来到这里的，时间紧，任务重。本来，我非常想像从前一样，摇着尾巴，用湿答答的舌头舔着阿晴的脸，但时间不允许我这样做，我剩下的时间不多了。

为了能让阿晴在没有我的情况下也能应付自如，我想对过去的内容做一个小结。

第2章 丰富词汇，提升自己的存在感

语言丰富的人更有存在感

"我平时不爱读书，所以词汇量少得可怜。"经常会有人发出这样的感叹。

其实，经常读书的人中，语言贫乏的也不在少数。只读内容浅显的、自己喜欢的领域的书，或是以故事性、趣味性为主的书籍，无法增加自己的词汇量。总之，增加词汇量绝非易事。

读书固然重要，但我们把它放一边，先去思考一下，什么样的语言才能让自己的发言显得更有深度。这正是本章的主题。

首先，我讲的是让语言化作"磁石"，借此来"吸引"更多的词汇。

比如，将"喜欢"一词写在一张白纸的正中央，然后将自己所能想到的与"喜欢"有关的词语统统写在纸上。如果是阿晴的话，他肯定会写下"廉价杂货店""Mercari[①]"和"白田彩香"等词语。经过反复练习后，一个独具特色的、跟"喜欢"有关的词汇库就这样形成了。将各种"语言的磁石"置于纸上，相信你也能建立你所独有的词汇库。让我们从最简单的练习开始，逐步整理出属于自己的词汇库吧。

接着，我讲了如何通过记绘画日记和为情景配上文案的方式进行训练。

[①] Mercari，俗称"媒炉"，日本二手交易平台。——译者注

对方在听了你的话之后，如果其脑海中能浮现出相应的一段影像的话，就说明你的表述十分到位。你最好能养成这样一种习惯：随手拍下一张照片之后，就思考怎样的描述才能让这张照片给人留下深刻的印象，例如颜色、气味、第一印象如何等。经过一系列训练之后，我们所表述的内容就一定能像在对方的头脑当中生成一段影像一样，给人留下深刻的印象。

然后，我又说了如何将小学时学过的四字成语自然地运用到会话当中。要是使用过于深奥的四字成语，对方听了以后很可能会一脸茫然，而且我们自己用起来也会很吃力，所以，在日常会话当中多使用一些小学时学过的成语是最好不过的了。只要做到这一点，你在人们心目中的形象将不再是词不达意不知所云，而是精明强干。

之后，我还讲了说话时条理清晰的窍门。

具体的方法是：将"简而言之""一言以蔽之"及"具体说来"等语句穿插在会话当中。

其实，这些语句都是在告诉对方："接下来的内容非常重要，一定要听仔细了。"如此一来，你的言语自然就显得条理清晰了。

最后，我讲的是说话时禁止带"反正"之类毫无意义的字眼。

诸如"反正是不错""反正是挺有意思的"之类的表现看似是在发表自己的看法，实则等于什么都没说。当"反正……"即将脱口而出的时候，你要忍住别说出来。先思考一下为什么要这样说的理由，再重新组织语言，将其表述出来。当你能够如实表述自己的想法的时候，别人就很难无视你的存在了。

做到上述各条其实并不难。

每天只要拿出5分钟时间，就可以练习在图片中添加文字。你也可以多复习一下成语。当然，你也可以进行"语言的磁石"的训练。最后，只要将三句"咒语"穿插在会话当中，再忍住不说"反正……"就可以了。

放心吧，我一直都在你的身边。

故事2：中田晴向白田彩香说起阿多的事情

在白田彩香的强烈建议下，中田晴再次找到了山本部长，要求山本部长对啤酒酵母洋葱项目再次进行审批。

山本部长露出一副不耐烦的表情，盯着中田晴。中田晴运用学到的技巧，讲述了儿时就非常喜欢厨艺的事，还生动地还原了自己咀嚼洋葱时的情形，最后还在跟山本的会话中用到了成语"起死回生"。他的努力似乎奏效了。

山本部长沉默了一会儿，盯着中田晴的眼睛，用低沉的声音说："好吧，让我看看你的表现吧。"

"很好啊。要是肯做的话你一定行的，而且这次比起之前简直是天壤之别嘛。"白田很开心，开始刨根问底，"要我说，你怎么会变化这么大呢？"

中田似乎下了很大决心："我有些话要跟你说。"

二人来到了办公室的休闲角，中田用纸杯接了两杯水放在桌子上，对面坐着白田。中田缓缓地打开了话匣子。

"你可能不会相信，我养过一只狗，六年前，它就已经过世了，但现在它却出现在我的房间里。你不要笑。令人感到不可思议的是，它居然能用人类的语言跟我交谈。不仅如此，它还指出我儿时喜欢逃避现实的弱点，并针对我的弱点给了我很多建议。

"你或许不相信，不过没关系。这简直就像是电影中的情节一样，在小说中也是，诸如此类的时空旅行的情节简直是司空见惯。但它的影响却是真切的，你不也说，我说话的方式跟以前大不一样了吗？这全都是阿多——哦，这是我养的那只狗的名字。这全都是阿多教我的。"

一口气说完之后，中田望着白田的脸。白田捋了一下头发，右手放在额头上，似乎正在组织语言。她的脸上依旧透出一股灵气。

"也就是说，你以前养的狗特意跑过来帮你提升沟通能力喽？"

白田平静地说道。

"嗯。以前，我学习的时候，它也陪我一起待在房间里，我偷懒玩游戏的时候，它就那么一直望着我。虽说是一只狗，但脸上的表情像个哲学家似的。

"阿多曾经说过：'要想增强自身的能力，就要好好审视自己的过去。'的确如此。回顾过去的确能让我改掉很多缺点。它说的每一句话，就好像是特意为我准备的'表达方法教科书'中的内容一样。再次遇见它之后，我的沟通方式才渐渐发生了转变。"

"你说的这些我都相信。因为在这短短的几天内，你就好像完全变了一个人似的。

"晴君，也不知道阿多还会陪你多久。趁它还在，你要好好学啊。人的一生当中，难得有正视自己过去的机会。"

当白田说起不知道阿多会陪中田多久的时候，中田不由得倒吸了一口凉气。连日来，他从来都没想过没有阿多的日子该怎么过。

窗外，樱花开得正盛，虽然经过昨夜的一场雨，花瓣已然开始飘零，但花依然开得很美。

中田不由得又是一惊。阿多的心脏开始出现症状的时候，也正是这樱花飞舞的季节。后来，又过了一段时间，在鸢尾花盛开的时节，阿多在庭院中散步时突然蜷成一团，不动了。

"晴君，我也想见见阿多，跟它学学沟通的方法，另外我还想从它口中了解一些晴君过去的事情。"

一阵风吹动窗棂，樱花的花瓣乘风而起，又从空中散落在二人的肩头。

第3章

掌握正确的表达顺序

说话的时候永远也说不到点子上,总是想到什么就说什么,或是一味自说自话,采取这种说话方式的人经常会被对方无视。掌握了本章介绍的"先从汇总开始""神奇三定律"及"心智模型"等五种方法之后,我们所说的话就很容易得到对方的认同了。让我们在日常会话及会议上勤加练习,善加应用吧。

问题11

怎样才能克服用词随意的毛病？

阿多，你好。见到你真是太好了。原来你长得这么可爱，以前听晴君说起你，总觉得你应该是一副很凶的样子。很高兴我也能听到阿多先生的声音。

其实，我也有些问题想要向你请教，是关于晴君的事情。晴君待人和善，可语言却总是那么生硬。跟别人交流时，他不是一句"嗯嗯"了事，就是"啊，不好意思"，让人觉得他就连道歉也是敷衍了事。谈及公司里的业务，他也是没有一句完整的话，总是"我赞成""是的是的"等。如果他能改掉这种过于随意的表达方式，相信他的存在感一定会大幅提升的。可究竟怎样才能让他改掉这个毛病呢？

方法11
讲话的三级跳原则

白田小姐，见到你我也很高兴。阿晴总是给你添麻烦，让你多费心了。只有跟我心灵相通的人才听得到我的声音，我就知道我跟你能顺利交流，因为阿晴经常向我提起你。

下面，让我们言归正传，帮助阿晴改掉"用词随意的毛病"。真是让你说到点子上了。其实，我很早以前就注意到他的这个问题了。

当然，这不单是阿晴一个人的问题。现在，无论是家长、老师，还是补习班的教员，所有跟小孩有关的人，都希望自己的孩子或学生们在表达上能够快人一步。现在，许多问题只要在网上输入几个关键词，就能检索出答案。所以，现在才会有那么多日本人（尤其是男性）说起话来根本就连不成句。

怎样才能改掉这个毛病呢？我现在教你们一个简单的办法。

用这个办法，对话量自然会有所增加

假如你们两个人去吃日式汉堡牛肉饼。多汁的牛肉配上萝卜

泥非常不错。这时，你对阿晴说："味道不错啊！"

阿晴肯定会这样回答：

"嗯，真好吃！"

当然，他也极有可能只是"嗯"地一句了事。

白田，实在抱歉啊，阿晴是个温柔的人，只可惜他不善言辞。那我们来看看，他该怎么改变这种情况吧。

但凡懂得会话技巧的人，都会遵循三条原则。

白田，大概你也听说过，说话时将要说的内容分为三条会比较容易说清楚，比如"有如下三个原因""接下来我会分三步阐述我的观点"这种话术。在语言中，"三"的确是个有魔力的数字。

同样，在纠正语句不连贯这个问题上，也有三个规则。我们可以想象一下田径比赛中"三级跳"的规则步骤。

1. 单脚跳

"嗯，真好吃！"

这就是第一步"单脚跳"。好好想一想，接下来要说些什么呢？

2. 跨步跳

"还好没点热带风味的牛肉汉堡。"

这就对了，我们可以试着回想起点餐时犹豫不决的情形。

3. 跳跃

"汉堡牛肉饼配菠萝，不正宗啊。"

干得不错！这三句话衔接得简直天衣无缝。也就是说，这个

"三级跳"的动作做得非常到位。

白田，你听好了，跟人交流时不能只是嘟囔一句，这太不礼貌了。

再举一个例子。

1.单脚跳

"早上好。"

2.跨步跳

"白田，一大早就这么有精神啊。"

3.跳跃

"我却好像还没睡醒似的……"

即便是这种无聊的对话，也比单纯一句"早上好"更富层次感。

<u>说话时不要只说一句，只要肯努力再想出两句话，就能轻松改掉用词随意的毛病。即使没什么好说的，说些牵强附会的话也可以。总之，一定要经常提醒自己，说话时不要只说一句就没了下文。</u>无论是日常对话还是在开会的时候，都要有意识地去这样做。如此一来，你的存在感就会得到大幅提升。放心吧，我一直都在你身边。

要点 | 把握住自己的所见所感，并有层次地表达出来。

问题12

有人指出我的话总是不够简洁、要点不明晰

　　阿多，多谢你帮我改掉了用词随意的毛病。"三级跳"的讲话方式的确不错。白田也在进行实践。现在，我们都觉得自己的交流比以前更自如了。

　　可是新的问题又出现了。今天，我向山本部长汇报香月农场项目的进度时，山本部长一脸不耐烦地训斥道："你就不能只说要点吗"虽然经常听人们说汇报时要"先从结论说起""理顺表达的顺序"等，但到了付诸实践的时候，我又不知道该怎么做才好了。究竟怎样才能让自己说的话条理井然呢？请教教我吧。

方法12
在阐述"结论"前先汇总

阿晴,你提的这个问题非常好。很多介绍沟通技巧的书都会有诸如"适用于任何情况下的沟通铁律"之类的表述,实习的时候,你的导师也曾告诉过你们"要先从结论说起"。

但实际上,"适用于任何情况的沟通铁律"是不存在的。所以,要多掌握几种技巧,你才能在与人交流时做到随机应变。

"先从结论说起"也未必能说清楚

让我们先来看一下很多人都大力提倡的"先从结论说起"吧。

这个说法虽然不错,但要想表述得更加明晰,仅凭这一点还远远不够。让我们来设想一下山本部长要求你提交海报设计方案时的情形。

1.汇总

昨天,公司召开了营业人员及店长会议,讨论了与哪家广告公司合作的问题。

2.结论

我们决定将这个项目交给B公司。

3.具体内容

（1）"为什么"（WHY）

在这则广告中，我们决定不使用蔬菜模型，而是使用真正的蔬菜来制作视频，因为这样更能突出真实感和体现蔬菜的新鲜度。

（2）"做什么"（WHAT）

B公司提出的"水与蔬菜"的广告方案，跟我们使用新鲜蔬菜进行拍摄的方案相吻合。

你知道吗，由于很多事情都需要上司来处理，所以向上司汇报时，首先将要说的内容加以汇总，然后再说结论，这样一来就很容易说清楚了。

接下来的内容也很重要。阐述具体内容，即"为什么会得出这样的结论"的时候，首先要说出"为什么"（WHY），然后再说明"做什么"（WHAT）。

到这里，你应该明白为什么我会说"先从结论说起"也未必能表述清楚了吧。

让对方动起来的"表达顺序"

我再教你一个进阶技巧吧。这是奥克塔韦尔公司（Octawell）的注册营养师在实习时，公司教给他们的一种做法。他们的营养师经常要面对这样一个现实：很多患有生活习惯病的人，即便是在营养师劝他们注意营养、多运动的情况下，他们也常把营养师的建议置之脑后，很少有人会听从指导。

针对这种情况，<u>奥克塔韦尔公司的做法是，让营养师们按照"使之大吃一惊（啊，原来是这么一回事）""接受建议（原来如此）""可能性（试一下或许可以）""体谅（就这么干，谢谢）"的顺序去对患者进行指导。</u>

假设有一位体脂率堪忧的患者无论如何也控制不了自己的饮食，我们来看一下营养师是怎么做的吧。

1.使之大吃一惊

为了放缓自己的进食速度，可以试着使用非惯用手拿筷子进食。

2.接受建议

使用非惯用手拿筷子进食的话，进餐速度较之以往大幅下降。如此一来，饱腹中枢神经受到刺激，进食量自然就会有所减少。

3.可能性

今晚的晚餐要从副食开始。鱼类等菜肴不能狼吞虎咽，但这是通往健康的捷径，体谅一下。

4.体谅

不用操之过急，只要让患者找到放慢进食速度的感觉即可。

首先要做的就是让对方大吃一惊，从而激发对方的兴趣。这是商务活动中的惯用手法。

"这件商品其实是实验失败的产物。"

"现在,虽然观光客络绎不绝,但在10年前,这里可是门可罗雀哟。"

<u>所以说,与人交流时,"先使对方大吃一惊"不失为一个不错的办法。这也是让交流迅速进入状态的有效手段。</u>

表达的顺序对于提升存在感来说是非常重要的一环。你和白田两个人可以在这上面多下一些功夫。

放心吧,因为我一直都在你身边。

要点 | 好的交流要摆脱固定的模式。

问题13

有时候连我自己都不知道自己想表达些什么

阿多，谢谢你。的确，与人交流时遵循一定的方式方法会让自己的表述变得更加明晰、顺畅。

可有一点我还是不太明白，即便是遵循一定的方式方法，但在会上发言时，我还是经常会话说到一半便卡住，甚至有时候，我都有点搞不清楚自己想表达什么了。因此，我的发言时间也常常变得格外冗长，弄得自己和其他与会人员都不知所云，好像孩子迷路了一样，场面非常尴尬。迷路的孩子自然需要地图的指引，有什么技巧能让我像俯瞰地图一样审视自己的发言内容呢？你快教教我。

方法13
防止跑题的"三段法"

白田，谢谢你今天也能过来。你们两个人能一起来听我今天讲的内容，我非常高兴。只说给阿晴一个人听的话，我总有些不放心，现在你们两个人一起听，听完后还可以一起探讨和验证。在人成长的过程中，"对话"是不可或缺的。从苏格拉底的时代开始，这就已经是不争的事实了。

下面，就让我们开始接下来的内容吧。现在我要讲的是"谈话路线图"。

前面我们已经说过，在对话时，"三"是个非常重要的数字。今天我们要说的是"三段法"。我们可将每个主题分解为三个论点，再将每个论点分解出三个分论点进行论述。

2005年，苹果公司创始人史蒂夫·乔布斯在斯坦福大学毕业典礼上的演讲就是典型的三级结构，它严格遵守了"三段法"的定式。

第3章　掌握正确的表达顺序

神奇三定律
"以斯坦福大学毕业生为对象的演讲"

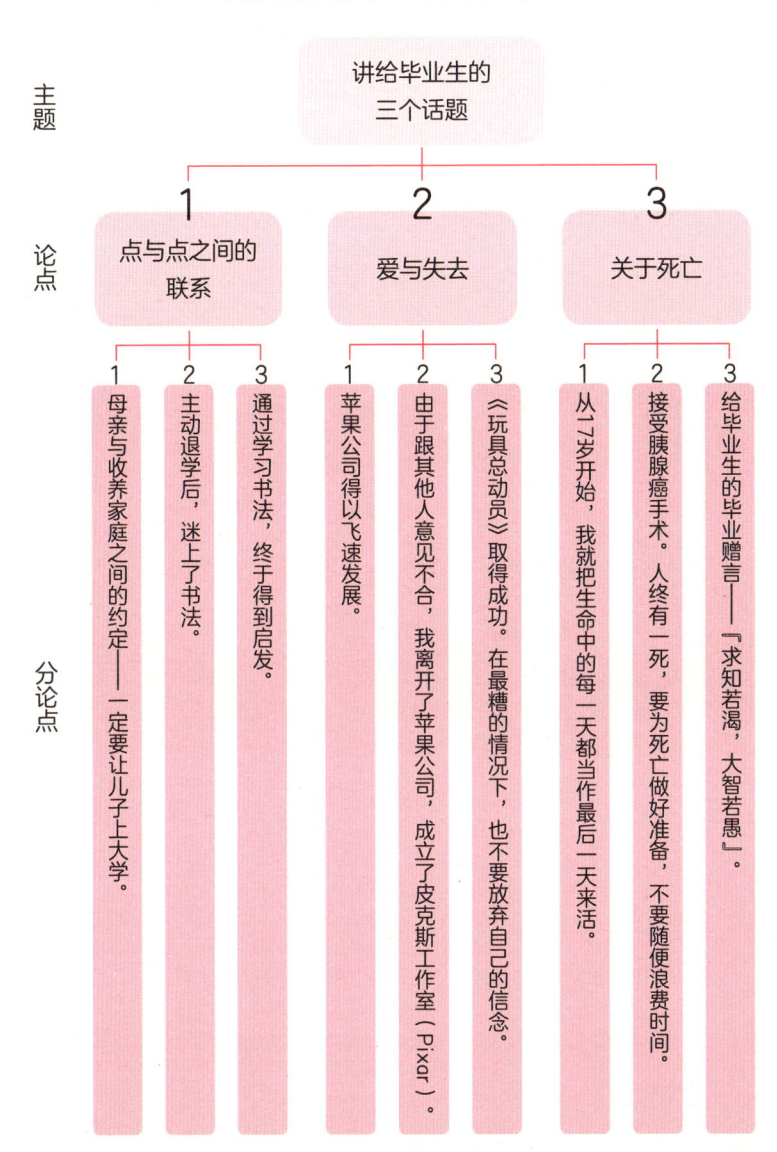

主题：讲给毕业生的三个话题

论点：
1. 点与点之间的联系
2. 爱与失去
3. 关于死亡

分论点：

1 点与点之间的联系
1. 母亲与收养家庭之间的约定——一定要让儿子上大学。
2. 主动退学后，迷上了书法。
3. 通过学习书法，终于得到启发。

2 爱与失去
1. 苹果公司得以飞速发展。
2. 由于跟其他人意见不合，我离开了苹果公司，成立了皮克斯工作室（Pixar）。
3. 《玩具总动员》取得成功。在最糟的情况下，也不要放弃自己的信念。

3 关于死亡
1. 从17岁开始，我就把生命中的每一天都当作最后一天来活。
2. 接受胰腺癌手术。人终有一死，要为死亡做好准备，不要随便浪费时间。
3. 给毕业生的毕业赠言——「求知若渴，大智若愚」。

089

演示说明会上的"三段法"

下面,让我们具体演示一下吧,就让我以"我为什么会回到阿晴的身边"为主题进行演示。

1.主题

见到阿晴的提议总是被否决,不被其他人重视,我常常觉得于心不忍,为了帮他提升存在感,我来到了这里。

2.论点

提升存在感的三条建议

(1)正确认识自己的处境。

(2)回顾过去,认清自己的优缺点,并取长补短。

(3)充分认识到同伴的作用。阿晴自己虽然没有意识到这一点,但身边仍然有很多人在默默给予他支持。

3.分论点

(1)认清自己的处境

①面对上司的诸多要求和同事的无视,阿晴宁愿经常出差也不愿去面对。他选择了逃避。

②虽然说出了自己的见解,却经常被无视。阿晴虽然明白是怎么一回事,但自己的发言总是不知所云、抓不住重点。

③即便如此,他却依然不思进取,从没想过要改变现状,这简直太不像话了。

第3章 掌握正确的表达顺序

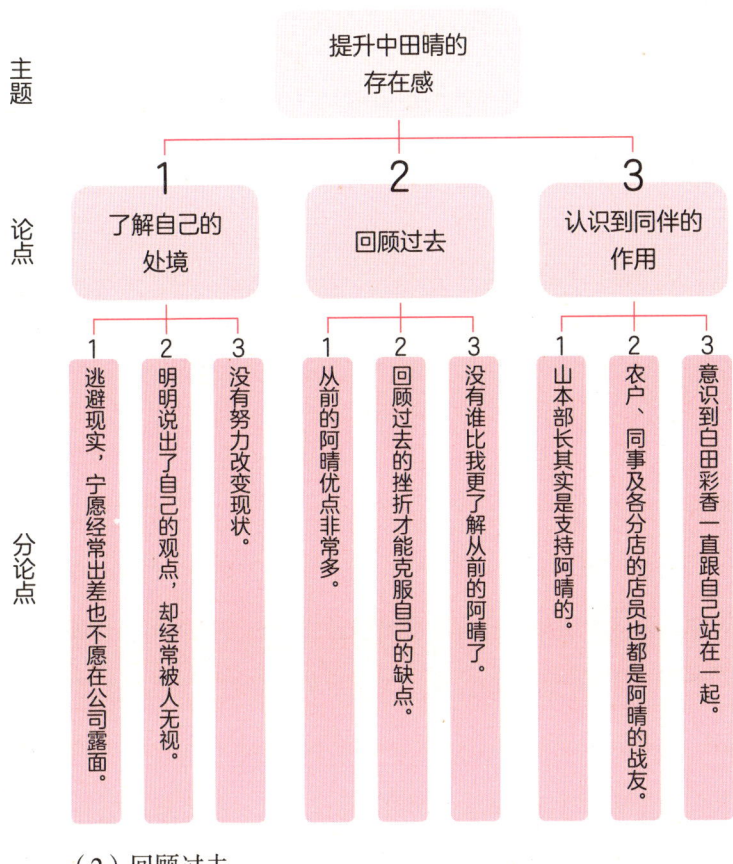

神奇三定律
"阿多回到阿晴身边的原因"

主题：提升中田晴的存在感

论点：
1. 了解自己的处境
2. 回顾过去
3. 认识到同伴的作用

分论点：

1. 了解自己的处境
1. 逃避现实，宁愿经常出差也不愿在公司露面。
2. 明明说出了自己的观点，却经常被人无视。
3. 没有努力改变现状。

2. 回顾过去
1. 从前的阿晴优点非常多。
2. 回顾过去的挫折才能克服自己的缺点。
3. 没有谁比我更了解从前的阿晴了。

3. 认识到同伴的作用
1. 山本部长其实是支持阿晴的。
2. 农户、同事及各分店的店员也都是阿晴的战友。
3. 意识到白田彩香一直跟自己站在一起。

（2）回顾过去

①现在就是无数个过去组合之后的结果。过去能给他以一定的启发。我要让他知道，他曾经有过很多优点。

②阿晴遇到了太多的挫折、失败与误解，如果情况出现些许改观的话，阿晴的身上或许就会发生变化。

③没有人比我更了解阿晴的过去,所以只要有我在,就没有什么值得担心的。

(3)认识到同伴的作用

①阿晴认为不好相处的山本部长其实是支持他的,他打心里希望阿晴能够成长和进步。

②另外在阿晴的身边,还有很多农家、同事及各分店的店长、店员都在默默地支持他。

③最后,还有白田彩香也一直站在他这边,阿晴真的应该早点发现这一点。

怎么样?只要以"三段法"的形式写下来,发言的路线图就形成了。

只要照做的话,即使逻辑不甚严谨,但也不至于出现大的问题。要养成事先照此方法整理自己发言内容的习惯,即便只是一般性的小型会议也要如此。如果事先准备好"发言路线图"的话,那么在发言过程中就不会出现不知所云的情况了。如此一来,你在发言时自然也会充满自信。

我希望你们能够勤加运用此方法。放心吧,因为我一直都在你身边。

要点 掌握了"三段法",就不会出现不知所云的情况了。

问题14

如何让对方欣然接受自己的观点？

　　阿多，你真厉害！我和白田试着将你说的"三段法"跟那些著名演讲及演示会进行对照后发现，但凡是简明易懂或是能给人留下深刻印象的演讲及演示会，大多数用的都是这种"三段法"。

　　你能说得再详细一点吗？为什么使用"三段法"就能给人留下深刻的印象呢？它在实际应用时有什么诀窍吗？展示成果或是汇报工作时，我应该注意些什吗？我还想了解得更具体一点，运用得更自如一些，你再教教我吧！

方法14
一边迎合对方的"预期",一边展开话题

哈哈!你真是越来越上道了,这是件好事,而且我发现你越来越能抓住重点了。其实,世界上知名的演说跟"三段法"的契合绝非偶然,这并非我凭空想出来的,在欧美,"三段法"是一种很常见的方法。

"呼声""影像""流程"

在美国,一种叫作"POWER写作法"的写作技巧很流行,怎么样,光是名称就给人一种威力十足的感觉吧?

美国人写文章时跟日本人最大的不同之处在于,他们所写的并非自己想要写的东西,而是对方想要知道的东西。所以,在动笔写文章之前,他们往往会先倾听对方的"呼声"(VOICE),并以客观的态度去搜集资料。他们不会特意去搜集能够佐证自己的想法的资料,他们所搜集的资料只为"对方想知道的东西"服务。

第3章 掌握正确的表达顺序

下面，我们来说一下"影像"（PICTURE）[1]。搜集完资料后，这些作者并不会立刻动笔，而是会对资料进行综合评估。这里又要用到"三段法"了。倾听了对方的呼声之后，我们就要纵观全局，将"三段法"套用到当前的主题当中。这样一来，要写的内容就会转化成一张"影像"，浮现在我们的脑海当中。

有了"三段法"，我们表述的内容就像航海图一样清晰。这张地图能够警示我们自己的发言是否偏离了航向，也可以对下一步想说的内容起到提示的作用。这也就是说，我们最应该考虑的问题，并非如何将想要表述的内容一字不落地表述出来，而是以俯瞰的姿态去总揽全局。发言过程中，或许会出现时间所剩不多，需要砍掉部分内容的情况，也会出现因为有人提问而停滞不前的情况，但只要地图在手，无论出现什么情况，我们都能够返回到正确的航道。

最后是"流动"（FLOW）。也就是说，我们终于可以将想表达的内容转化成文章或是幻灯片了，至此，我们的演讲也终于大功告成了。

阿晴，还有白田，你们都要记好了，在"POWER写作法"当中，"三段法"也在潜移默化地发挥着作用。

---

[1] POWER写作法是planning（规划）、organizing（组织）、writing（写作）、evaluating（评估）和revising（修改）。——译者注

其中的"呼声"一环尤为重要。要时刻留心自己所说的内容是否跟对方想知道的内容相吻合。在演说或是发言当中，只是一味强调自己的观点，而不照顾对方的情绪，是无法让对方产生共鸣的，对方也不会认真倾听你的发言。

你善于运用"心智模型"吗？

下面我们来讲一下关于"心智模型"方面的问题。你们两个大概都听说过"心智模型"吧？关于"心智模型"，通常人们只听过一些抽象的说明，下面让我们来形象地讲解一下吧。

人们总是在努力深入了解他人所说的话的含义。

听了别人的话以后，我们难免会产生这样那样的想法，然后将对方的语言纳入自己的思维框架——"啊，原来事情是朝着那个方向发展的""这个人原来是这么想的"。

例如，如果山本部长以"那个家伙总是以出差为借口不来公司上班，胡乱找了这么一种高价的洋葱"的心智模型看待问题，那么，无论这种洋葱的优点再怎么突出，恐怕也无法得到他的认可。

这时，为了防止对方率先发难，就要先发制人，让对方钻入自己的"圈套"。在山本部长的脑海当中，反对的声音早已经先入为主，并认为这种洋葱价格过高。这就是山本部长的"呼声"，对此，阿晴应该事先做好应对准备，改变山本部长这种先入为主的想法。只要不打破山本部长"昂贵的洋葱根本卖不出去"的思维框架，任你费尽唇舌，他也不可能认同你的意见。

这听起来似乎是个不可能完成的任务，但实则不然。例如，你可以在一开始就强调："调查结果表明，这种洋葱对于消费者而言是一种十分实惠的商品。"如此一来，认定这种洋葱价格过高，因此没有销路的山本部长一定会在脑子里画一个问号："怎么会是一种实惠的商品呢？"你再接着说："有如下三点原因。其一……"这样说的话，山本部长就一心只想听你解释，而不会在乎你经常不去公司的事了。

另外，针对对方"价格敏感"的心智模型，你就可以适当地避实就虚："昨天我试着做了芝士焗洋葱，尝了一下，感觉还不错。"山本部长会有何反应呢？他的头脑一定会出现短暂的混乱："咦？刚才不是说到价格实惠的问题吗？"以上都是应对对方"价格敏感"这个心智模型的有效手段。

要时刻将对方的需求放在心上

"三段法"之所以百试不爽，就是顾及了对方心智模式的缘故。说白了，这无外乎就是以"正因为有这样的原因，所以才会出现这样的结果"的形式道出自己的想法罢了。

在TED大会上发表演讲的人们也都是按照"POWER写作法"的思路进行演讲的，所以，他们的演讲才那么简明易懂。阿晴、白田，你们也要时刻谨记，说话时要考虑到对方的需求。放心吧，我一直都在你身边。

要点 | 要从对话开始便推测对方的真实想法。

问题15

批评会令我情绪低落、萎靡不振

谢谢你,阿多。我是白田。你让我明白了说话时要时刻考虑对方的感受及想法。

其实,我跟阿晴一样,只要对方指出我的不足,我就会惊慌失措、语无伦次。另外,我还有一个毛病,那就是一旦受负面情绪的干扰,就会无法自拔,很难让话题再回到积极的事情上来。遇到不顺心的事,我就会情绪低落,并且还会表现到语言上。如果有什么改进的办法的话,请你一定要教教我。

方法15
用五倍的"正信息"还以颜色

其实,我也一直觉得你们两个人有这样的倾向。你们俩的确很容易受悲观和消极情绪的影响。

你们就像两块"消极的磁石"一样,总是会回忆起诸如"以前也有过这么倒霉的经历""也曾不被人认可"等不顺心的事。这样一来,种种不顺心的事就更会接踵而来,让自己身陷旋涡中,无法自拔。任谁遇到这种情况,恐怕也绝对不会有心情去考虑什么表达顺序的问题了吧。

这次,我不是要给你们讲谈话的技巧,而是要给你们一些心理层面的建议。

当不被别人认可或面对其他不利局面时,我希望你们能够披荆斩棘,下面,我教你们一种训练方法,助你们在这种情况下勇闯难关。

但是,你们要记住,这种方法无法帮你们解决实际问题,它的主要目的是慰藉我们的心灵,并借此提高我们的积极性。

消极的情绪具有非常大的负能量。就像有人说"你的话简直不知所云"时，你的头脑中一定会回想起过去失败的经历，那些"不知所云的发言"就会不由自主地浮现在你的脑海当中，诸如"以前也曾被人说不知所云""当时就指责我的发言条理不清"等不好的回忆就会又再次浮现在眼前。

其实，并不是只有你们两个才这样，大多数人的骨子里都是消极的。我们总会回想起自己的失败和某些不愿提起的往事，并借此进行自我反思。可也正因为如此，我们人类才会不断进步。所以说，我们根本就没有必要为自己的消极情绪耿耿于怀。

但究竟怎样才能摆脱负面情绪的困扰呢？让我来告诉你们吧。面对负能量，我们不仅要加倍回击，更要以五倍的力量回击。那么，就让我们开始吧！

拿出五倍数量的积极信息

比如，自己的发言被人指出"语无伦次"，我们肯定不会认同对方的说法，而是会尽力反驳。下面，我们就找出五种说法来进行反驳吧。

1."这并非语无伦次，这样是为了说明得更加具体。"

这是第一轮反击。但仅仅如此尚无法战胜负能量，让我们再好好想想，让负能量付出双倍的代价！

2."恰恰是因为思维活跃，所以才会滔滔不绝。"

现在，正负能量的对比变成了2∶1。至此，我们的反击才进行到一半，消极的语言对我们情绪的影响巨大，所以我们还需要更多的积极信息去应对。

3."现在的情况是，较之全盘考虑，倒不如反复强调重点，这样更能给人以深刻的印象。"

这明显是在狡辩。但重要的不是观点正确与否，而是让大脑接受积极的刺激。

好，下一步就是"四倍回击"了。

4."上高中的时候，人家都说我言简意赅呢。"

干得不错！经过四轮反击，大脑中的消极因素已被消灭殆尽，积极因素终于占了上风。接下来，让我们给负能量致命一击吧。

5."逻辑清晰的发言是我的强项，这简直是小菜一碟。"

你们知道吗？为了消除消极因素对大脑的影响，即便多少有点牵强附会，也一定要想出五条充满正能量的内容进行反击。如此一来，我们的大脑就会转而思考积极的内容了。

当你感到不安的时候，可以试着拿出五倍数量的积极信息去抵消那些消极因素。长期坚持用这种方法进行训练，就能培养出乐观向上的思维习惯。没有人一生下来就是乐观积极的。

我相信这个方法应该可以助你们两个战胜负面情绪。放心吧，我一直都在你身边。

要点 反驳的时候，即便有少许的强词夺理也无伤大雅。

第3章 掌握正确的表达顺序

阿多对第3章的总结

在本章当中,我想让阿晴知道的是,万物皆有定式,万变不离其宗。

在游泳或是打棒球时,存在着发力效率最高的动作"定式"。其实,在书写和说话时,也有一个让对方容易理解的语言"定式"。阿晴为了诸如"我说话时总是无法表述清楚""大家都对我的话充耳不闻"等问题烦恼不已,这并非他性格方面的原因,也不是因为他的能力不足,之所以会如此,只是因为他不了解语言上的"定式"罢了。

本章,我们主要探讨了"表达的顺序"。这次,白田也跟着一起来了。其实,我原本是不应该让白田见到我的……算了,谁让她那么特别呢。关于她的事情我们还是以后再说吧。

无论是聊天还是演讲,都不能自乱阵脚

首先,我讲的是如何纠正说话时用词随意的毛病的方法。

在这里,我讲了与人交流时要善于打出"组合拳",即"三级跳式"的沟通法。也就是说,跟人讲话不要一句话了事,即使

没话找话，也一定要说足三句话。这样一来，信息量有了保障，你的表达也就不会被其他人无视了。

其次，很多关于沟通的书籍中都介绍了"要先从结论说起"的沟通方法，这其实有一个很大的漏洞。在对方毫不知情的情况下，突然冒出一句"演示说明会失败了"或是"公司已经决定使用B方案了"式的结论，肯定会让人摸不着头脑。

要先做汇总（首先阐明这次对话是关于什么的），再说结论。我希望你们能牢牢记住这个顺序。其后，涉及具体内容时，要先说明为什么（WHY），再说做什么（WHAT）。这一点也非常重要。另外，我还介绍了一种沟通方法，即按照"使之大吃一惊""接受建议""可能性""体谅"的顺序进行沟通的方法。除此以外，我还希望你们两个能够不断摸索出更多的沟通模式。

在此之后，我讲到了很多知名演说及发布会当中都会用到的"神奇的数字三"。一个大的主题往往都可以分解成三个部分，这三个部分下面还可以分为三个分论点。如果拥有一张这样的发言路线图，就能够有效避免发言时中途卡壳、不知所云的窘境，也能够有效避免跑题或是废话连篇的情况。

在进行演讲、说明或是开会之前，有必要按照前面我们所说的方法将要说的内容加以概括。我希望你们能养成这样的好习惯。

接下来我讲的是"心智模型"。我们在说话时，总是会将自己想要表达的内容放在第一位，而无视对方的需求。这种做法其实非常不明智。突出自己想法的最佳办法，其实就是运用诱导的方法让对方跟随自己的思维。在这一过程中，我们可以运用"先说结论"及"三段法"等技巧将对方的思维限制在自己划定的框架内。

最后，针对你们两个听到别人对自己的消极评价就会语无伦次的问题，我介绍了相应的应对办法。那就是以五倍数量的正信息去与之相抗衡，即便列举的理由有些牵强附会也无伤大雅。我希望你们能将这样的训练坚持下去。

阿晴，你以前非常善于模仿棒球明星和足球明星的招牌动作，却疏于基础训练，从不肯在增强耐力和力量上多下功夫。

在与人沟通上也是如此。你在看过几场精彩的企划说明会之后，常常觉得自己也行，可轮到自己上场的时候，却无论如何也模仿不来。所以，你要严格按照"定式"进行训练，打下稳固的基础后，就会渐渐形成自己独有的风格。一定要将这一点牢记在心。

我已经没有多少时间了。随着阿晴在公司里的存在感不断提升，我在这里的存在感也变得越来越弱了。尤其是白田来了以后，阿晴的进步比预想的要快很多。现在我的前腿和耳朵已经变得有些透明了。

但这并没有什么好悲伤的，因为这预示着我的使命即将达成。只要阿晴有进步，不再被别人无视，那么我就会永远活在你们的记忆当中。放心吧，我还在你的身边。

故事3：中田晴接受"开发洋葱菜谱"的命令

经过一番考量，山本部长决定再次在采购人员会议上对香月农场生产的啤酒酵母洋葱进行审议。

连续两次对同一宗商品进行审议的情况并不常见，更何况中田晴上次的企划说明根本就没有丝毫亮点。

但这次的企划说明与上次的大相径庭，在整个过程中，像上次一样"只言片语式"的表述消失了。

"请允许我重新向大家介绍香月农场生产的洋葱。经过一番调研后我发现，这种商品不但能让消费者享受巨大的实惠，而且对我们公司来说也是大有裨益的，是一种非常值得期待的商品。"中田晴的开场"三级跳"让与会人员不禁眼前一亮。

其发言文稿的结构也是按照"三段法"来进行编写的。

其文稿主要由"疫情下居家生活的需求与洋葱菜谱""香月农场的洋葱美味的秘诀"及"能够给大和食品带来什么益处"三个部分构成。整个过程中他还不时将"简而言之""一言以蔽之"及"具体说来"等语句穿插其间，最后，他以一句铿锵有力的"对我自己而言，这也是一件能够令我起死回生的商品"结束了发言。

他在这次会议的表现令众人无法忽视他的存在。对于他的出色表现，人们不禁在心里画了一个问号："这家伙还是原来的那个中田吗？"大家不得不对他另眼相看。演示说明会结束以后，负责制作宣传材料的白田彩香对他说："洋葱可以用于各种菜肴的烹制，它虽然是一种极为普通的材料，但应用范围极广。也谢谢你为我提供了一个不错的宣传素材。"

这时山本部长也站起身来说道："中田，你这次的演示说明非常成功，让我们充分领略了香月农场的洋葱的魅力。我本人也认为有必要把它摆上大和食品的货架。"

"但是……话虽如此，用啤酒酵母培育出的洋葱在市面上其实也很常见。如果想要让这种洋葱摆上大和食品的货架，你还要具体说明一下它究竟具备怎样的市场魅力，也就是说，消费者究竟能够从中得到什么样的好处。"

"就像公关部的白田所说的那样，我们在各家分店中设置了'料理工房'，介绍菜肴的制作方法。统计数据表明，通过介绍简单而又美味的菜谱，商品的销量的确是有所提升。这些菜谱还被上传到了我们公司的手机软件（App）上，反响相当不错。"

"中田，我决定试验性地引进香月农场的洋葱。但是，你要想出100种跟洋葱有关的菜谱，并发布到'料理工房'上。另外，白田应该对各分店的情况及消费者的反馈信息更为了解吧，你能协助中田完成这个任务吗？"

"由于疫情的影响，如今民众在家吃饭的频率有所增加，'料理工房'也因此而备受关注。因为消费者可以向厨艺顾问直接提问，所以这个栏目的人气也直线攀升，就连染谷社长对这个栏目也格外重视。你们研发出来的菜谱举行展示发布会的那天，社长也会出席会议。另外，'料理工房'栏目的进展情况社长也会随时跟进。最后期限是5月11日。加油，我非常看好你们。"

本来只是洋葱的产品展示会而已，没想到发生了令人意想不到的变化。

不过，任务也是艰巨的，不仅要在啤酒酵母洋葱的基础上开发出100种菜谱，还要在大和食品各店铺设置的"料理工房"推出这些菜谱。

这项工作一定要由农户、采购人员、宣传部门及各分店通力合作才能完成。

中田晴不由得望了望白田。白田也在望着他。虽然两个人都没有说话，但中田从白田的眼神、嘴角和手上的动作中可以看出，她对做好这项工作是满怀信心的。

二人向阿多汇报了此事。正当二人满怀自信与喜悦向阿多讲述这件事时，他们发现阿多的身体似乎变得更加透明了。这说明，中田晴的存在感又得到了大幅的提升。

"阿晴，你不要担心我。虽然我的身体变得有些透明了，但你还远没有进步到让我变得完全透明的程度。依我看，你现在也就是刚开窍。你们两个要跟我学的东西还多着呢。

"与其担心我，倒不如担心如何为'料理工房'开发菜谱的事，还要考虑一下染谷社长在会上会有何举动，并制定相应的应对策略。在此之前我是不会离开的。不要担心，因为我还在你的身边。"

五月的旅游黄金周就要到了，公园里鸢尾花已经含苞待放了。

第4章

转换视角

如果以事不关己的、单方面或是偏颇的视角去看待事情,就无法让对方产生共鸣,也就会被对方无视。在本章中,我们将从"商品分级""商品的卖点与顾客能得到的实惠"及"卖方语言和买方语言"等处着眼,以风趣的语言及轻松的风格帮助你们学习接下来的五个技巧。希望你们结合自己的实际工作多加实践。

问题16

搞创新时，我简直毫无头绪……

阿多，这回我可真的不知该怎么办才好了。我们公司在所属超市内设有"料理工房"，负责向顾客介绍各种菜肴的烹饪方法。这次，我们接受了为"料理工房"研发100种菜谱的任务，还要在会议上作报告。阿晴现在正跟香月农场的香月先生讨论对策，我也正在征询营养学老师的意见。

但面对打造100种菜谱的任务，我们真不知道该从什么地方下手才好。即便有了想法，我也不知该如何整理。企划说明会的时间转眼就要到了，你有没有什么简单有效的方法呢？求你教教我吧。

方法16
弄清"市场""产品""共创"三者之间的区别

白田,本来你们只是想让啤酒酵母洋葱摆上货架,却没想到你们一下子挑起了千斤重担啊。我很高兴能跟你和阿晴一起挑起这千斤重担。虽然我帮不上什么大忙,但也别瞧不起我,总之,让我们一起努力吧。

只要想出100种菜肴的制作方法,就可以完成任务了吧?这其实并没有想象中的那么难。只要掌握了变换视角的技巧,我们的视野就会开阔许多。

"市场主导""产品主导""共创"

以你们现在的视角,只能看到"开发100种菜谱"这项摆在眼前的工作。100这个数字实在太大,以至于让你们觉得无从着手。这时就要用上"市场营销"的技巧了。

不要误会,这并不需要什么专业知识,只不过是简单地转换一下商品生产的视角罢了。下面,我简单地解释一下。

我们可以以市场营销的三种视角去诠释"100种菜谱"。

1.市场主导

这是一种迎合市场动向及消费者需求的思维方式。

市场主导派在商品开发阶段就会时常以如何满足消费者的需求为宗旨。

这是市场营销中一种很重要的手段,但一味听取消费者意见的同时也可能会存在新产品难产的风险。

2.产品主导

这是一种注重生产者意见或其理念的生产方式。

在这方面,苹果手机就是史蒂夫·乔布斯基于其自身的理念生产出来的,这是一个很好的例子。但完全无视市场及消费者的呼声生产出来的产品也不是都能大卖特卖。

千万不能带有"我们的产品一定会叫好又叫座"的傲慢态度。执着于自己的理念的同时,一定要保持冷静,以客观的角度去看待市场。

3.共创

这是一种兼顾生产者意见与消费者呼声的做法。

如今,消费者与商家可以通过社交媒体互相交换意见,因此,这种方法非常具有发展潜力。

下面,就让我们运用这三种市场营销手法,思考一下如何研发这100种菜谱吧。

1.市场主导

参考到访大和食品超市的顾客的意见。以顾客的意见，诸如"我想这么做""如果这样做的话就会很简单"等为基础进行研发。

通过这一途径大概可以完成50种菜谱的研发。

2.产品主导

你们可以以此为契机尽情发挥，创作出属于你们自己的"洋葱菜谱"。你们可以把自己想象成史蒂夫·乔布斯，去迎接新的挑战吧。通过这种方法，大约能够完成30种菜谱的研发。

3.共创

还有一个办法就是和顾客共同创作。

可以通过社交媒体与顾客进行互动，还可以请顾客亲临"料理工房"，在现场与其进行交流，让顾客参与进来。通过这个方法，大概可以完成20种菜谱的研发。

50、30、20是一个大致的指标，但通过"市场主导"完成的数量最好超过半数，因为市场对产品的影响力不容小觑。

像这样，通过"视角转换"来将事物分成三部分，诸如"研发100种菜谱"之类的工作就会变得容易得多了。

任务量太多的时候，就需要将其细分，你们一定要记住这一点。

"市场主导""产品主导"及"共创"这类转换视角的做

法，除了可以运用在商品研发上，也可以运用于其他领域。在拟定企划案时，或是在日常会议上，也要学会使用转换视角的方法。例如，"市场及民众有这种呼声""我坚持自己的理念""这个产品能跟别人合作开发是最好不过的了"都是可以考虑的角度，总之，能将其运用于日常工作才是最重要的。

至于细节性的问题，你跟阿晴讨论一下吧。不要担心，因为我会陪在你们身边。

> **要点** "化整为零"是一剂能够助你渡过难关的灵丹妙药。

问题17

如何才能让营销"百发百中"?

阿多,谢谢你在我出差的时候给了白田那么好的建议。我发现,你的身体似乎变得更加透明了,我有些担心。我会加倍努力的,但我更希望你能够留下来。

我今天也有些问题要向你讨教。怎么才能让客户选择我给他们推荐的商品呢?怎么才能让他们心甘情愿地做出选择呢?有这种魔法般的营销方法吗?总是缠着你问这问那,实在有些难为情。可是,那些营销高手是不是运用了某些心理学方面的技巧呢?你要是知道的话,就教教我吧。

方法17
要有意识地将自己的商品分级

阿晴，你总是不肯动脑思考，爱走捷径，恨不得别人立刻给你答案。看来，你这个老毛病还是没改啊。在开口问别人"该怎么办"之前，你要先针对可能发生的情况展开思考。若非如此，恐怕你一辈子都要靠别人的建议过日子了。

但这次的确是时间比较紧迫，另外，我此行的目的也正是帮你摆脱困境，所以这次就教给你吧。

鳗鱼为何会有"松""竹""梅"之分

阿晴的父亲非常喜欢鳗鱼，他经常带一家人去吃鳗鱼餐。

通常情况下，鳗鱼的品质有"松""竹""梅"之分。你记得咱们经常点哪种吗？是"竹"，最中间的那个"竹"。你的父亲认为"松"过于奢侈，"梅"又太过寒酸，点菜的时候实在是不好意思。所以，他每次总是会说："我们要'竹'，4人份的。"

实际上，这种让顾客"心甘情愿"做出选择的做法蕴含了古人的商业智慧。

第4章 转换视角

前面,我们已经说过,"三"是一个充满魔力的数字,相信这一点你已经知道得很清楚了。这次的松、竹、梅恰好也与数字"三"有关。"松"寓意长寿,"竹"寓意繁荣,"梅"则平添了几分风雅。松、竹、梅放在一起就成了吉祥如意的象征。

日本人又赋予了这三种植物以特殊的含义,那就是用它们来表示物品的品级。

- 松——上等
- 竹——中等
- 梅——下等

如此一来,人们就不得不从中做出选择。

有时候,你可能会想:"今天跟白田一起用餐,不能太寒酸,就点'松'吧!"

也有时候,你会想:"明天才能发工资,今天凑合一下,就点'梅'吧。"

总之各种情况都有可能出现。

你知道吗?重点就在于此。如果我们给出三个选项,那么对方就会按照自己的意愿做出选择,他们在内心深处非常希望自己做出的选择是"正确的",所以还会再来吃同样的东西。如此一来,回头客的人数自然就会增加了。

你和白田一起研发的100种菜谱也要分为:

"松":面向厨艺高超的人士(聚餐及节日宴请)

"竹"：面向普通家庭（家常菜谱）

"梅"：面向单人饮食（费时短、性价比高）

当然，它们的售价及烹饪流程也不尽相同，并且还要考虑"现在这个季节适合吃什么""当地顾客有什么样的需求"等因素。

要让顾客理解松、竹、梅三个品级的意思。

给对方制定选择的基准，他们才能更好地做出选择。

无论做什么事，都要有上、中、下三策

除了推销商品，品级划分的方法也可推广于其他领域。

例如，在企划说明会上同时准备三个企划案。首先，制定一个以消费者为主导的预案，这个预案的品级为"竹"。接下来，精心制定一个所需预算较多、流程较为复杂的方案，并将这个预案的品级定为"松"。最后，制订一套各项条件皆达标但毫无吸引力的方案，并称为"梅"。

通常情况下，人们会选择"梅"，但有了"松"和"竹"的存在，选择"梅"的可能性便会大大降低。这需要你们多下点功夫，即便"松"无法通过，最起码也要让"竹"通过审议。

偶尔会出现偏偏"梅"通过审议的事与愿违的情况，这其实也不足为奇。你要做好这方面的心理准备，因为，既然你提交了"梅"方案，它就有可能通过审议。商务活动的难点就在于此，每个人的偏好、直觉及面对的情况各不相同，出现这种结果自然

也在意料之中。

我们经常会听到"B计划"这个词。"B计划"是指最佳方案"A计划"无法付诸实施时的备用计划。

正因世事难料,所以"A计划"未必都能顺利付诸实施。在这个世界上,除了人们各不相同的价值观,运气、灾害等不确定性因素也可能会左右形势的发展。

正是因为如此,我们才有必要随时准备好松、竹、梅三套方案。

不知道你想要的"魔法般的营销方法"能否从以上内容中找到答案。

松、竹、梅的方式会给人留下深刻的印象,同时,也会赢得更多人的信任。

多花些心思思考一下松、竹、梅的问题吧。放心吧,我依然在你身边。

要点 以"梅"为踏板,可以较轻松地实现自己的主张。

问题18

如何才能抓住对方的心？

阿多，通过借鉴"市场-产品-共创"和"松-竹-梅"的思维方式，我们终于完成了100种菜谱的研发，并对其进行了细致的分类。我和白田在网上查了一下用洋葱做菜的相关资料，并加入了中药和养生的元素，开发出了很多独具特色的菜谱。

但我们也遇到了不少困难。虽然我们做了很多尝试，但洋葱的特点无外乎是具有"降低血液黏稠度"及"延缓衰老"等功效，除此之外，我们也说不出洋葱的其他特点了。究竟该怎么做，才能让人们更加深入地了解以洋葱为原料的菜肴的好处呢？你教教我吧。

方法18
将商品的"卖点"与"顾客能得到的实惠"区分开

阿晴,我发现你的问题越来越有水平了。在表述自己的观点时,只要能将事物的优点分门别类地表述清楚,就能立刻引起对方的兴趣。

为了让你明白这个道理,我跟你说一说广告公司是怎么对新入职的广告文案岗位员工进行培训的吧。

那就是将商品的"卖点"与"顾客所能得到的实惠"区分开。很多人都分不清这二者之间到底有何区别。

- 商品的卖点

  商品的"优势"(相关数据、优势、事实)

- 顾客能得到的实惠

  使用该商品所能得到的"好处"(使用者的实际感受)

例如,某人具备在托业考试(TOEIC)中取得900分的实力,这就是这个人的"卖点",即他的优点、长处。

但雇主能从他身上得到怎样的"实惠"呢?不难想象,跟这样的人在一起能够获得很多"实惠",例如:"他阅读海外的新闻毫无障碍，由此我们也可以及时获取海外的信息""跟他一起看英文电影应该很有意思""如果能够通过他结识英语圈人士的话，自己的人脉也会得以拓展"等。

下面是广告企业在培养文案人才时的案例。

■ 卖点

这种橘子维生素C的含量非常高

■ 顾客能得到的实惠

这种橘子对预防感冒有一定的效果

现在，很多人会在自己的社交媒体主页或是留言中谈论关于商品及其相关信息的话题，如"这款枕头具有改善睡眠的功效""在这栋大厦中租办公室的80%都是20多岁的实业家及企业创始人"等，这些全部都是商品的"卖点"。

如果只是陈述商品的特色或优点的话，恐怕很难在消费者心中激起波澜。

重点是消费者能在这种商品上得到什么样的实惠。这就需要商家代入消费者的角色去想象一下，如果自己亲自去体验这款商品的话，能够从中得到什么样的实惠。

你们负责研发的"洋葱菜谱"也要如此。

■ 卖点

降低血液黏稠度。预防动脉硬化。洋葱里的大蒜素具有抗菌、杀菌的功效。消水肿，抗衰老。适合与多种食材搭配。

■ 顾客能得到的实惠

早上起床时毫无压力。照片中的自己变得更有魅力。做饭也是一种转换心情的方法。测量体重时心情愉悦。还有，今年还没有得过感冒。

其中"顾客能得到的实惠"要靠商家代入顾客的角色，展开自己的想象才能感受得到，而要想表述清楚也绝非易事。

至于那些难以想象自己能否从中获取实惠的商品，则不适用于这个办法。

阿晴，你和白田研发了100种菜谱，而且这些菜谱使用的原材料中都有洋葱，如果这些菜谱的文案都是"能降低血液黏稠度"或是"有延缓衰老的功效"之类的陈词滥调的话，那么人们连看都不会多看上一眼。

这时，如果使用诸如"全家人都说好吃""每次我做洋葱生姜炒肉，儿子就会特别高兴""来上一份裙带菜拌洋葱，既经济实惠又清凉爽口"之类的文案，就能保证每一道菜都让消费者想象到其得到实惠时的情形。希望各店铺能对这些文案加以灵活运用。

在督促自己付诸行动方面也有奇效

在参加公司的日常会议时，或是在日常会话当中，区分"卖点"及"实惠"的方法也能助你一臂之力。

　　我们应该常以"卖点是什么"及"能给消费者带来什么样的实惠"为宗旨，在付诸行动时，我们如果思考一下自己的行为能带来什么益处（如付诸行动就会有金钱入账），或是能给自己带来什么样的实惠（如付诸行动就能获得旅行的机会）。如此一来，行动的动力就会自然而然地产生了，可见这着实是一项十分实用的技巧。

- 卖点：提升自己的语言能力，不再被其他人所无视。
- 实惠：见到我之后，阿晴就能重返童真，回归质朴，同时，也能够坦诚地去看待白田彩香。

　　放心吧，我还在你的身边。

要点 谈及"实惠"时的表述总是能让人心动。

问题19

如何打造属于自己的金句？

　　阿多，我以前一直将商品的"卖点"和"顾客能得到的实惠"混为一谈，听了你的讲解后，我觉得受益匪浅。

　　说起来让人有些难为情，我从事广告宣传工作已经有三个年头了，但却依然不知道什么样的语言能让人动心。长期以来，我制作的广告都是在模仿别人，从现在开始，我想学一下最为基础的"能让人动心的语言"。请你教教我，好吗？

方法19
通过"卖方语言""买方语言"及"进化的语言"让对方行动起来

白田,你提的问题很有价值。其实有很多人连最基础的东西都不明白,却还要不懂装懂。精明的人都知道自己的短板在哪里。

那么就让我们看看如何才能将动人心弦的语言融入广告文案吧。

卖方语言之"祈使句"

要想让人有所行动,最基本的做法就是要劝说。

平时我们所说的"买吧""吃吧""去吧"等,都属于这类语言。在广告中,商家对消费者进行劝说的时候就要使用此类语言。

清水次郎长[①]的手下森石松就曾经这样邀请同船之人:"你

[①] 清水次郎长(1820—1893年),原名山本长五郎,日本江户幕府时代末期侠客、实业家。——译者注

是江户人吧？一起吃点寿司吧。"由此看来，"卖方语言"自古有之。

"用脸书的定向广告来提升网站的访问量吧。"

上网搜索一下就可以发现，诸如此类的"卖方语言"简直数不胜数。

此类语言本身虽然并没有什么出奇之处，但为了明确"把什么东西卖给谁"这一问题，我们有必要针对"卖方语言"展开深入的思考。

在日常生活中也可以使用诸如此类的劝说性语言进行练习，如"来一杯茶吧""时间差不多了，我们回去吧"等。<u>以我们自身为主导的带有劝说性质的语言，我们称之为"卖方语言"</u>。

能让消费者感同身受的"买方语言"

下面，让我们转换一下视角。这次是站在消费者立场上的"买方语言"。我们经常能在广告中看到一个人喝完啤酒之后大赞"好喝"的情形。消费者称赞商品的美味、方便等方面的内容，我们称其为"买方语言"。

"终于可以忘却日晒的烦恼了。"（松下美容广告）

这就是通过妙用消费者的感受来制作广告文案的手法。

首先你要记住以下两组案例：

■ 卖方语言："去参加第28届区民庆典吧！"

- 买方语言:"身为本区居民,真好!"

以上是在日常生活当中的用法。

- 卖方语言:"哎,你想试试尼泊尔菜吗?"
- 买方语言:"啊,没想到尼泊尔菜这么好吃,给人一种很柔和的感觉。"

在这个案例当中,我希望你留意一下"买方语言"。

使用者将自己的实际使用感受用语言表述出来,对方听了以后一定也会想品尝一下尼泊尔菜。

现在社交媒体上的很多评论都属于"买方语言",如果其中的语言能够道出使用者的真实感受,让人感受到商品的魅力的话,拿来用作广告文案或许是个不错的选择。

史蒂夫·乔布斯如何讲述"进化的语言"

我们再来看一个例子。这是苹果公司创始人史蒂夫·乔布斯的一句名言。他在苹果手机的产品发布会上这样说道:

"苹果重新发明了手机。"

"重新发明了手机"的背后是新事物的脱颖而出。

从他短短的一句话当中,人们感受到了事物的进化。

总之,你要先以"卖家语言"去劝说对方,再以"买家语言"让对方感受到真切的实惠。当然,相关训练是必不可少的。

另外,在思维方式上,要从"进化"的角度去思考。放心吧，我还在你们身边。

> **要点** 消费者都怕"踩雷"，所以才会对"买家语言"表现出浓厚的兴趣。

问题20

如何让语言拥有感动每一个人的穿透力？

阿多，谢谢你向我们介绍了"卖家语言""买家语言"等相关内容。现在，我们无论是制作广告文案，还是在与人们的日常交往中，都已经深得其要领了。

之后我和白田就究竟以怎样的视角说出什么样的话才能够让人感同身受的话题进行了讨论。到底什么样的语言才能让对方产生共鸣呢？我们又要以怎样的视角去思考呢？阿多，教教我们吧。

方法20
增强解读他人心理的能力

阿晴，关于转换"语言视角"的问题我们就说到这里了。当然，你这个问题问得非常好。怎样才能让自己的言语打动人心呢？其实答案非常简单。

只要猜透了对方的所思所想，这就没什么难的。

如果无法体察对方的心情，那么，想要以语言去打动对方，只是你一厢情愿的想法罢了。想要洞察人心不是一件容易的事，但在特定的情况下，我们却必须洞察对方的心理。

下面我向你推荐一个这方面的训练道具，那就是小说。

读懂人的心理与行动的绝佳道具

阿晴，你平时几乎不看小说吧。我没有责怪你的意思。在这个娱乐项目花样繁多的时代，有人不看小说也不足为奇。我只是希望你能明白，小说是一种能够帮助我们读懂人的思维与心理的绝佳道具。

今天我要把其中的精髓说给你听。放心吧，这并没有那么深奥。

小说无外乎是"事件""心理""行动"的叠加罢了

小说就是由一个个描述主人公对恋爱、生活及其他事件的想法，并将其想法付诸行动的诸多环节连缀而成的。

下面让我们以陀思妥耶夫斯基的《罪与罚》为例进行解说。

1.事件：冷酷的老太太以放高利贷为生，流落街头的穷苦人吃尽了她的苦头。

2.心理：主人公认为"像我这样的天才，为了社会的进步，即使做出一些有违道德的事来也不应受到惩罚"。

3.行为：杀死放高利贷的老太太。

故事的开头就是这样的，奇思妙想的"事件"，伴以主人公的"行动"。我们要做的就是试着去解读主人公的"心理"。

大学的入学考试中经常会出现这样的问题："从下面三组答案中选出最能体现作者心境的一组。"这道题的目的就是考核考生对人的"心理"的解读能力。

站在对方的立场上考虑问题

只有猜对了对方的心思才能说出让对方感同身受的话。让我们看一下发生在超市里的这个案例：

1.事件：已经连续三天夜间气温居高不下。

2.心理：未知。

3.行为：一位消费者购买了三人份的高级牛排。

此时这位消费者是什么样的心理状态呢？很有可能是这样的："为了让家人消暑，为了让家人恢复活力，买贵一点的牛肉也是值得的。"

了解了这位消费者的心理状态之后，我们可以以此为契机对其他消费者展开心理攻势，或许会对超市的销售额产生积极的影响。

"连续三天夜间气温居高不下！让家人恢复活力！用'牛肉力'对抗暑气！"

就像这样，要养成经常思考"事件"与"行为"之间的"心理"究竟是什么的习惯。

阿晴，你也可以思考一下发生在自己身上的事。比如说，你跟白田吵架之后（事件），她就不再理你了（行为）。此时你一定要把自己的想法放到一边，思考一下白田是怎么想的（心理）。

这就是小说的魅力所在。读了小说以后，你也能像阅读小说一样读懂人们的心理。放心吧，因为我还在你们身边。

要点 善于做"阅读理解"的人，通常也很擅长读懂人心。

阿多对第4章的总结

阿晴从小缺乏主见,但很顽固,一旦他做出决定,就绝不会再听其他人的意见。但尺有所短,寸有所长,任何人都是优点和缺点并存的。所有事物在不同的视角下都有不同的姿态。

本章中,我们主要讲的是如何通过变换视角来激发自己的新思维。

"成功"源自不断变化,"新"就是变换组合。为此,我们要以各种不同的视角去看待这个世界,活化自己的思维。

"多视角"将会引导你走向成功

在本章中,我首先讲解了市场营销的基本手法,即"市场主导""产品主导"与"共创"。重视市场及消费者呼声的做法,我称之为"市场主导";相反,重视产品特色的做法,我称之为"产品主导"。此外,还有一种兼顾市场与产品特色的做法,这是一种多视角的思维方式,我称之为"共创"。

阿晴的想法更加侧重于产品特色,但我不建议这么做。

在本章的第二节中,我讲解了关于"松、竹、梅"(即上策、中策、下策）的问题。著名哲学家笛卡尔曾经说过："将难题分割开来处理。"我们遇到难题时，也要善于将其进行细分。在具体做法上，我们可以将事物一分为三，即上策、中策、下策。

另外，松、竹、梅的分类方法也会让对方在选择时更加容易。如果你希望对方做出选择，适当的推波助澜将有助于对方做出决定。

在第三节当中，我讲解了"卖点"与"实惠"之间的区别。商品的"卖点"是站在卖方的立场来说的，而"实惠"则是站在消费者的立场来说的。二者的视角不同。

推销自己的商品时，一味强调商品"卖点"的做法，简直是愚蠢透顶。除了商品的优点，我们还要想象一下消费者到底能从中获取什么样的"实惠"。

在第四节中，我介绍了广告文案中的"卖方语言"与"买方语言"。广告文案基本上可以分为两大类：一是站在卖方的立场说话，也就是劝说对方；二是站在消费者的立场说话，也就是注重实际使用体验。而史蒂夫·乔布斯的一句"苹果重新发明了手机"开创了"进化的语言"的先河。

最后，我讲了如何用小说训练心理解读能力。

说起小说，首先要有"事件"，再根据事件的发展对主人公的"心理"和"行为"进行描述。小说是由"事件""心理"及"行为"等方面要素构成，优秀的小说也只不过是"事件""心理"及"行动"的循环往复。敏锐的洞察力体现为对故事情节准确地进行解读的能力。因此，要想提升自己的洞察力，可以通过充分体会小说中的"事件""心理"及"行为"究竟有何含义来实现。

一开始，阿晴在公司的会议上只知道一根筋地对洋葱进行宣传，如今，他能做到这个地步，真的令人感到十分欣慰。同时，我也对善于倾听的山本部长表示感谢。但凡是优秀的人物，都很善于倾听别人的谈话。另外，阿晴之所以进步这么快，白田彩香也功不可没。

总之，如果没有那么多人的支持，仅凭阿晴一个人的力量是没有办法解决这么多棘手的问题的。人会在交流中不断成长。有人会赞成我们的意见，也有人会反对我们的意见，正是在这么多赞成和反对的声音中，我们的思维才得以不断深化。在我们成长的道路上，值得信赖的伙伴是不可或缺的。

如今，白田成了阿晴的原动力。并且，曾经那么顽固的阿晴居然也能够以多视角来审视这个世界了。

与此相对应的，是我的存在感日渐淡薄。这种情况也体现在我的身体上面。仔细观察的话就会发现，我已经有很多白毛变成了半透明的状态，也正因为如此，我身上的斑点反而变得更加显眼了。

那年的四月份阿晴上了大学，五月份我就过世了。

第4章 转换视角

复读一年以后,阿晴终于顺利考上了大学。上了大学之后,阿晴把更多的时间花在了打工和游玩上,领我出去散步的时间自然就少了很多。当然,我并不是在抱怨什么,看他玩游戏时快乐的样子,我不禁长出了一口气:"我的使命终于完成了。"

庭院中绽开着美丽的紫色花朵,那是鸢尾花。我迈着碎步走到那朵花的旁边,趴在那里一动不动。我到天上去了。

我跟阿晴的感情非常好,阿晴这个样子让我坐卧不安,所以我就又回到了阿晴的身边。

我想这次我的使命终于真的快要完成了。

不要为我担心。即使我的身体消失了,我也仍然会陪在你们身边。

故事4：中田晴和白田彩香埋头研发新菜谱

阿晴与白田的菜谱研发工作渐入佳境。

阿晴和白田向厨艺专家、喜欢厨艺的名人、营养学专家、中医及药膳方面的专家、调料厂家的调研员及啤酒酵母洋葱的生产者香月夫妇请教，从他们那里学到了不少菜谱。

他们两个还在网上找到了不少热门洋葱菜谱，并在公司的厨房里试制。此外，公司里的同事们也给了他们很多建议。

另外，白田和各分店收银台的女店员的关系不错，她们每天都给自己的孩子制作便当，于是，白田又学会了很多种"便当菜谱"。

但100种菜谱对他们二人来说的确是个不小的挑战，问题还不仅在于数量，菜谱选择的标准也是个很大的难题。以洋葱为原材料的菜谱简直是数不胜数。洋葱虽然那么不起眼，但它简直可以称得上是餐桌上的无名英雄，也正因为如此，洋葱在餐桌上的主导地位也不言而喻。

"这个菜里的洋葱都化了，应该算不上是洋葱菜了吧？"

"怎么会化了呢？这样子实在是没办法凸显出洋葱的存在感啊。"

是啊，洋葱虽然还有潜力，但存在感依然是那么淡薄，有点像以前的阿晴。

"根据烹饪的难易程度，把它们分为'松''竹''梅'三个品级吧。"

"我们不要只重视市场，也加入一些'产品主导'的元素吧。"

二人下班以后，还没有停下菜谱的研发工作。

二人带着大量食材回到阿晴的家中，并排站在狭小的厨房里，开始准备做菜。阿晴负责切菜，白田负责烹饪。他们忙得不亦乐乎，似乎忘记了阿多还在一边看着。

阿多坐在床上静静地望着他们两个。看到他们在厨房中忙碌的身影，阿多想起了阿晴小时候跟母亲一起做咖喱时的情景。一切都是那么真实。这让阿多感觉很充实。二人在厨房里你一言、我一语，阿晴的表现着实不错。望着这一幕，阿多觉得阿晴再也不会被任何人所无视了。

大和食品计划拓展新业务

大和食品的经营者会议上，沉闷的气氛几乎让人透不过气来。

如今，人们的生活方式较之以往发生了很大的变化，超市的营业额也因此暂时得以提升。但为了应对当前的形势，餐饮行业也开始提供打包、外送等服务，而且，通过网络购买食品的人数也以惊人的速度递增。前往超市购物的人以老年人居多，搬运沉重的物品对他们来说是一个很大的问题。在这种情况下，有必要采取新的措施，开拓新的市场。

"最近，实惠、量大的便当销量出现了下滑的现象。"

"最近，希望食品能够'明确标示热量'的顾客人数有所增加。"

听了大家汇报的情况之后，染谷社长说道：

"专门送往养老机构的食品能否向广大普通消费者出售呢？这类食品的标准很高，有理疗食品，也有专门为食物过敏的人开发的食品，还有标示热量的、营养均衡的食材套装。这些健康套餐可以向年轻人出售。我要让消费者知道，大和食品售卖的不仅有食品，还有健康。"

阿晴和白田并不知道刚才发生的这一切，仍然在忙着研发菜谱。

他们想出了338种菜谱，又使用阿多教给他们的以不同的视角进行思考的方法，将菜谱的数量缩减到了100种。只是阿多的身体似乎变得更加透明了。

第5章

讲出具有感染力的语言

即便你能做到妙语连珠,但如果无法让对方产生共鸣,对方也一样会无视你的存在。语言如果仅仅是简单易懂,恐怕还无法打动对方,让对方下决心勉力一试。在最后一章中,我们来讲一下如何才能让对方产生共鸣、激发其干劲,或是如何才能让对方把事情当成自己的事来办的四个技巧。如果掌握了这些技巧,你的存在感必然会得到大幅提升。

问题21

什么样的语言才算具有感染力？

　　阿多，菜谱展示说明会的日子越来越近了。当前形势下，人们在家吃饭的次数越来越多。现在，我对这项工作非常有信心。

　　但我希望你能教我一些在会上发言的"必杀技"，究竟怎么做，才能让人心动，给人留下深刻的印象呢？由于余下的时间有限，希望你教我一些既简单有效、又能动人心弦的方法。求求你，教教我吧。

方法21
让自己的语言变得更抽象

阿晴,当我听到你亲口说出从心底愿意做这项工作的时候,我真的感到无限的欣慰。我等这句话等了好久了。

但当你说到想要一个简单省事的方法的时候,我又有些失望。说出的话能够动人心弦,说明说话的人具备相当的人格魅力。这绝不是轻易能够做到的。

话虽如此,但你现在的处境我很清楚,同时,我也很清楚你的个性,你这个人呀,就是爱走捷径。但谁让咱们是朋友呢,我就破例教给你吧。

越是抽象效果就越好

相信你也听说过"具体""抽象"之类的词汇。

例如,我是一只名为"阿多"的狗。我是独一无二的。我是真实存在的。这就是"具体"。

下面,我们试着将"我"进行抽象化处理。

1.阿多喜欢挑三拣四

这句话只是针对名为"阿多"的狗说的。

2.刚毛猎狐犬争强好胜、好斗

这句话说的是包括阿多在内的所有刚毛猎狐犬。

3.狗喜欢跟人亲近

这句话说的是包括刚毛猎狐犬在内的所有的狗。

在这个例子中,一开始说的只是我自己的事情,后来,范围逐步扩散到刚毛猎狐犬乃至所有种类的狗,而既然是所有种类的狗,自然是包括公母老幼在内的所有的狗。<u>就像这样,言及的对象从个体逐渐扩展至全体,抽象程度也随之逐步深化。</u>

既然我们已经弄明白了什么是"从具体到抽象",下面,就让我们以阿晴的工作为例探讨一下吧。昨天,白田做的"南瓜洋葱味噌汤"就是具体的菜品,就让我们在此基础上逐步提升抽象程度吧。

下一步就是"洋葱料理"。如此一来,诸如"炸洋葱圈""洋葱辣白菜汤"及"芝士焗洋葱"等菜品就也都包含其中了。

然后就是从广义的美食角度去表述。

"如果无法进食,人类将无法去爱。"

"进餐是生活艺术的一种表现形式。"

"烹饪就是在烹制幸福。"

这些语句是不是看起来有点像格言了呢？

能够拨动人心弦的语言，往往是在具体的事物或事情当中夹杂着较为抽象的东西。当我们说起炸洋葱圈的香甜、大谈洋葱菜品的美容效果时，如果加入"美食"或"烹饪"这些较为抽象的元素，就一定能够取得令人满意的效果。

这样的表达方式让人觉得你像是在陈述你独有的哲学观点一样。建议你一定要试一试。

模仿相田光男的语言

阿晴，你听说过相田光男吧？他是著名诗人、书法家。

在日历上，我们经常能看到他的"遭受挫折又有何不可？只要是人便会有此一劫""让梦想更辽阔，让根扎得更深"等诗句。

相田光男的语言真的是非常抽象。像"人""一生"等词语囊括了所有人，所以，他的诗句任谁听了都会感动。

阿晴，如果你想让你的发言能够拨动人的心弦，那么，你完全可以试着模仿相田光男，用"饮食关乎我们的健康与未来""身处低谷时，最需要的就是一餐沁人肺腑的佳肴"等语句来引起大家的共鸣。也可以试一下："学会一道菜，多一分灿烂的笑容。"

发言时如果将此类较为抽象的语言夹杂其间的话，大家肯定会对你刮目相看:"啊,没想到中田居然这么有修养!"放心吧,因为我还在你们身边。

要点 | 有些时候,抽象的语言就是最有强力的武器。

问题22

什么样的结束语能让对方跃跃欲试？

阿多，听了"让自己的语言变得更加抽象"，我觉得十分有趣。是啊，我从前总是觉得，要想让对方知道具体的情况，只要有简介或是目录之类的就足够了，现在知道，只有适当加入诸如"何谓饮食""何谓人生"之类颇具哲理性的内容，才不会被人无视。

我还有些事情要向你请教，是关于结论的。会议也好，内容展示也罢，究竟什么样的结束语才能让与会者产生共鸣呢？你教教我，究竟什么样的结束语能让对方跃跃欲试呢？

方法22
突出"成就感"就会让对方欲罢不能

阿晴,我要教你的东西已经教得差不多了。但你不要掉以轻心,因为最后的内容恰恰也是最重要的。即便整个过程非常精彩,但如果没能让与会者跃跃欲试的话,你的演示说明就算是白做了。

还有一件非常重要的事情,那就是判断对方是否跃跃欲试的标准。内容的精彩与否并非是唯一的标准。内容固然十分重要,但结论还需满足下面三个条件,才更有利于人们做出判断。你要好好记住。

回归原点、保证成长、满足其成就感

"结论三要素"的内容如下:

1.回归原点

要明确自己发言的目的,找到原点。

人立足于原点时,就能够冷静下来。例如,我们可以考虑诸如"这个项目的目的原本是……""这次演示是以……为初

衷的"这样的话术，在得出结论之前，我们要明确初心，回归原点。

2.保证成长

这个项目不但能让公司的业绩有所成长，也能让员工的能力有所提高。要让人们的脑海当中浮现出一旦获得成功，无论是个人还是公司都会有所发展的景象。如果能够提供具体的数字，那就最好不过了。

3.满足其成就感

仅仅是销售额提升，公司有所发展还远远不够，还要让人们有成就感。

要让人们觉得自己的所作所为能给社会大众带来幸福，能为社会做出贡献。如果让对方产生"社会成就感"的话，必然能激发其积极性。其实，即便不将这种贡献具体化，只要让人在心中萌生出贡献社会的心理满足感即可。著名心理学家阿德勒所说的"他者奉献"就是如此。

阿晴，"原点""成长""成就感"绝对称得上是一剂"灵丹妙药"，我希望你不仅在发言时能够活用，平时与人交流时也要善于运用。

我来找你之前，你就忘记了自己喜欢厨艺这一"原点"。当初你到大和食品应聘时并没有太多的打算，只是阴错阳差地打出了喜欢厨艺这张牌，才得以顺利入职。

入职以后，你成了一名采购员。比起每天闷在公司里，你更喜欢跟全国各地的生产者打交道，努力让他们尽心培育的新鲜蔬菜摆上大和食品的货架。如果合作成功的话，无论是生产者还是大和食品都有进一步发展的机会。

不仅如此，在当前形势下，随着人们外出就餐次数的锐减，居家办公时间的增加，你的努力可以让人们吃上可口的饭菜，让大家多一分笑容。有些家庭还会出现父母与孩子一起做饭的情况，这无疑能让这些家庭留下无数美好的回忆。在当前社会环境下，让饮食成为纽带，使千家万户的家庭关系更加和谐，这就让你产生了"社会成就感"。你的表现非常好，我为你骄傲。

就像这样，"原点""成长""成就感"是我们行动的原动力，同时，人们也很容易被他人的"原点""成长""成就感"所打动。

通过"原点""成长""成就感"来磨炼自己

这三点不仅在自己发言时能派上用场，向别人提问时也能派上用场。

在与人交流时，你可以试着提出诸如"你说这些话的初衷是什么呢""如果照做的话，在哪方面能取得什么样的进展呢"等问题。只要你提出的问题涉及事物的本质，或是意义深远，恐怕就没有人能够无视你的存在了。

当然，在思索如何提问的同时，你自己也要思考一下这些问题的答案。有些问题，最好是先思索一番，想不明白的时候再去请教他人。

阿晴，本节介绍的"原点""成长""成就感"可谓是一剂万能的良方，你一定要善加运用。当然，在思考与白田之间的关系的时候，也不妨多用此方法。有什么事最好两个人商量着办。放心吧，我还在你们身边。

要点 | 要仔细思索人们行动的原动力。

问题23

不紧张的要领是什么？

阿多，谢谢你一直以来对我们的帮助。晴君近来的变化简直令大家大吃一惊，之前畏首畏尾的晴君不见了，取而代之的是充满生机的晴君。

但有一点我还是放心不下。这依然是心理层面的问题。由于社长和公司管理人员都要出席此次会议，我们不得不在巨大的压力下发言，而晴君缺乏的恰恰就是这方面的经验。阿多，你教教我们，这么多人在场的情况下发言应该注意些什么呢？我真心希望他能取得成功。请你教教我们吧！

方法23
运用"262法则"扫视会场

白田，谢谢你总是能为阿晴着想。

恐怕阿晴现在一心只想着研发菜谱的事情，还没来得及考虑在会上发言的事情吧。你能想到这一点，我真的很开心。你总是为别人着想，而且头脑也灵活，我真的很佩服你。

套用"帕累托最优"

白田，你听说过"帕累托最优"吧？

这是意大利经济学家维尔弗雷多·帕累托（Vilfredo Pareto）发现的一条经济学定律。并非所有的工蚁都在辛勤劳动。事实上，只有20%的工蚁在拼命工作，余下的80%只不过是在装模作样罢了。

日本企业中常见的"262法则"（与二八定律类似）就是由"帕累托最优"衍生而来的。

最努力的两成日本人在拼命工作；六成日本人在工作时既不尽全力，也没有偷懒；余下的两成日本人则没有发挥自己的全部实力。当然，我并非在谴责那些不努力的人，有些重要的理念与创意恰恰是由这些人提出来的。需要注意的一点是，以上数字只是各类人群的大致分布情况，并非精准的比例。

下面让我们来考虑一下与会人员的情况。

假设有10个人参加会议的话，那么就会有2个重要的人物。

与此相对应的，对发言者发言的内容毫不关心，会议上无所事事或是对发言者的意见持反对意见的人也会是2个。

余下的6个人则没有什么独特的见解，通常情况下他们只会随波逐流，随声附和。

<u>按照这一法则，10人的会议只需说服其中的2人，20人的会议只需说服其中的4人便可，完全没有必要赢得大多数人的赞同。</u>

"262法则"中最后的那两成人在会上或是瞌睡连连，或是抱着肩膀、一脸严肃，这些都不奇怪。从一开始，你就可以在一定程度上忽略他们的存在。

将目光投向最重要的人

发言时，你要将目光投向最重要的人。

尤其是拥有决定权的染谷社长也会出席这次会议，他开始发言、言及重要条目及结论时，你一定要将目光投向他。另外还有极力促成这次会议的山本部长，他给了你很大的支持，你也要将目光投向他。

"最重要的人"当中，一定要有这两个人。

再教你一项技巧。在会议上，有的人会一脸漠然，摆出一副不以为然的样子，他们属于"最不重要的人"，最好不要跟他们的目光发生接触。

你只要无视他们的存在即可。如果你的目光跟这些人发生接触的话，不但会影响你的积极性，甚至还会使你产生恐惧的心理。这次发言非常重要，所以还是不要看向他们那边为妙。

还有，你不必过于在意其他六成人都持什么态度。

你不必将精力分散到他们每个人身上，只需将他们当作是一道风景便可。

他们的意见可有可无，他们只是在你努力和领导说话时，会特别在意领导的脸色。

如果社长此时要是点头赞同你的观点的话，这些人就会顺着社长的意思说，而会议的整体氛围也就会朝着对你有利的方向发展。

发言时，你没有必要面面俱到。不要妄想在场的每个人都会赞同你的观点，你只需将话说给懂你的人听便可。

白田，我希望你能将我的话转告给阿晴。

不要被会场的气氛吓倒，发言时只需突破重要环节便可。幕府时期志士高杉晋作曾经说过："纵有百万大敌亦不足为惧！"

用笑容去营造良好的氛围

刚才我们已经说过，六成左右的日本人都会顺随只占两成比例的领导的意见。这种氛围会对会议的结果产生直接的影响。那么，究竟如何才能营造出良好的氛围呢？

日本人在开会或是讨论问题时，除了重视逻辑，也格外重视氛围。有时候，当他们无法做出合理的判断时，就会托词"当时的氛围让人不得不做出那样的决定"。其实在某种特定的情况下，确实不是仅凭讲道理就能行得通的，这时就要靠营造氛围来应对当前的形势。

感觉如何呀？下面让我们来看看有什么简单有效的方法吧。

这个法宝其实就是"笑容"。你跟社长进行交流时，只要面带笑容，就肯定不会出现不和谐的氛围。

即便是在社长脸上没有呈现出笑容时，阿晴你也不能绷着脸说话。这时只要嘴角微微上扬即可。我希望你脸上出现的是自信而又胜券在握般的笑容。

最后，我还有一个请求。我希望你把这些内容转达给阿晴之后，会议当天你也要把自己的笑容呈现在阿晴面前。放心吧，我还在你们身边。

要点 注重两成的人，不要被现场的氛围所左右。

问题24

怎样才能博得满堂彩？

阿多，明天就是会议日了。首先，我要向大家介绍香月农场的啤酒酵母洋葱，接下来还要提交100种洋葱菜谱的方案，最终这些菜谱会用于超市内的"料理工房"。这次我必须成功。

但我还是有点担心，虽然我对自己要发表的每一项内容都有自信，但面对大量的素材，我却不知道该怎么做才能将其整合在一起。没有一个完整的框架，就没有足够的说服力，这是个很大的问题。我想将这次发表的内容串联成一个完整的故事，好让它永远留在人们的记忆当中。阿多，你有什么好的办法吗？教教我吧。

方法24

按照"故事共享表格"去做

阿晴、白田,你们两个的表现不错,我也都看到了。看来我已经没有必要再待在这里了。今天是最后一次了。

阿晴,你刚才提问的时候,提到了"框架"和"故事"。

其实,展示说明会就是要给在场的人讲述一个可以引起其共鸣的故事。而成功的展示说明会即便在结束以后,会上的"故事"也足以让所有的与会人员津津乐道。这不是因为发言者的能力如何突出,而是因为他的语言具有很强的感染力。

我现在与你们分享一个十分精彩的故事。但首先,我要给你们一张有魔力的表格。

"故事共享表格"

这是一张能将演示说明文档转换成故事的表格。只要按照表格中的顺序讲下去,就能让演示说明文档变成故事。下面让我们来看一下吧。

故事共享表格

1.我认为商机就在于此	2.正因为如此，所以我才会站在这里
现在社会上的情况是这样的。 现在出现了这种趋势。 因此我认为现在是推出这种商品/这个企划案的最佳时机。	这种商品/这个企划案具有这样的优点，能带给消费者这样的实惠。因此有必要推出这种商品/这个企划案。
3.消费者群体的界定	4.自己为之付出的心血
我之所以会极力推荐这种商品/这个企划案，是因为有一位××岁、住在某处、过着如此的生活、年收入为××的人有着这样的烦恼和梦想，像他这样的人对这种商品有很大的需求。	预计推出这种商品/这个企划案将会面临很多困难，但我相信只要坚持××的理念，所有的问题都将迎刃而解。
5.看吧！这就是它的与众不同之处！	6.想要收到这样的效果
虽然某公司已经推出类似的商品，但在某些方面我们的产品具有压倒性的优势，足以在竞争中取胜。	体验过这种商品或是看过这个企划案的人都赞不绝口，纷纷表示"第一次有这种体验""效果超群""还想再次体验"……

1.我认为商机就在于此

首先是说明趋势，强调"如今有某种趋势，而这种趋势则会带来商机"。说上面这段话时，要用一种"现在机会难得"的口吻去说。

2.正因为如此，所以我才会站在这里

强调为什么自己会出现在这里以及为什么非要这样做不可的理由时，一定要充满激情。要阐述哪些是商品的"卖点"，哪些

能给消费者带来"实惠"。

3.消费者群体的界定

简而言之，这就是市场目标的选择。不要试图以"住在东京都的25~30岁的独身女性"等蒙混过关，要发挥你的想象，将其具体化，甚至能够将其姓名、年龄、职业、家庭结构、兴趣爱好，乃至有什么梦想和烦恼都娓娓道来。

与其爱心泛滥，不如情有独钟。这就像写情书一样，锁定特定目标总是比较容易成功。

4.自己为之付出的心血

人们总是喜欢听一些历尽艰辛和屡遭挫折的故事。强调为了这宗商品自己付出的心血，并向大家讲述其间的曲折与坎坷。

5.看吧！这就是它的与众不同之处！

说明这种商品与别的公司以及其他店铺所售卖商品的不同之处。要将这种商品的优点展现得淋漓尽致。此处的分析对于商品能否取得大家的认可至关重要。

6.想要收到这样的效果

你希望能够在商品页面或社交平台上收到消费者怎样的评价呢？让我们先来想象一下吧。商品并不是在卖出去的那一刻就完事大吉了，一定要想象一下消费者会有什么反应。

<u>一定要按照表格中给出的顺序进行叙述，千万不能因为过于重视其中的某一环节而打乱了顺序。因为要想引起对方的共鸣，</u>

要想让自己讲述的"故事"深深地留在对方的记忆当中,就必须遵循这样的顺序。

下面就让我做一个示范吧。注意,一定要严格按照表格中的顺序去讲。

1.由于疫情,人们居家和自己做饭的时间有所增加,相信你们也注意到了这一变化。

2.于是,你们想到了用"啤酒酵母培育出的洋葱"来丰富消费者的餐桌的主意。

3.至于消费群体嘛,比如说儿时的阿晴。那时他经常和母亲一起做饭。烹饪能让他找回和家人一起做饭的快乐。想一想从前的那张照片,就能找到那种感觉了。

4.为了研发这100种菜谱,你们两个人都拼尽了全力。这些我全都看在眼里了。终于,你们在大学老师、中医药专家、朋友、父母及其他相关人士的大力协助下渡过了难关。

5.至于它的与众不同之处,那就是大和食品超市内设置了"料理工房",消费者可以实地学习如何烹饪,甚至可以进行试吃,这是美食网站及美食APP都无法做到的。

6.你们一定想听到消费者说这样的话:"跟家人一起做饭、一起吃饭真是件很开心的事情",或是"明天我还想再学一道菜"。

阿晴,还有白田,你们不要为我的事担心。

明天的太阳依旧会照常升起。

要点 | 当人们争相讲述你的"故事"的时候,你就是最后的赢家。

阿多对第5章的总结

以前，阿晴就总喜欢拿自己跟别人比："那家伙数学比我学得好""我的运动神经比别人差""我的记忆力比其他人差"。进入社会以后，这种情况更有愈演愈烈的趋势。他总是想在成果和业绩方面跟别人一较短长，这样下去的话肯定不是个办法。

但也不能总是拿"别人是别人，自己是自己"当借口，不求上进。我认为，与其跟别人比，倒不如审视一下自己的过去。其实自己的过去隐藏着很多能让自己进步成长的素材。如果一定要比的话，不要跟其他人比，就跟从前的自己纵向比较好了。纵向比较能够进步和发展，这样做还能让自己有一种成就感。

我这趟帮助阿晴回顾过去的旅途也到了该结束的时候。

在最后一章中，我教了他四种可以提升存在感的技巧。这几种技巧的难度极高，一时之间恐怕难以掌握，但我仍希望他能在反复体会、实践之后有所斩获。让我们再温习一遍本章的内容吧。

一开始，我讲的是越是抽象的语言越能拨动人的心弦。

诸如"天然食品有益于身体健康""用心烹制的食物美味

极了"之类比较抽象的语句就像格言一样，会让所有人都产生共鸣。在别人看来，若非经过深思熟虑，绝对说不出这样的话。要将此类语句夹杂在会话当中。

然后，我又讲了怎么说话才能激发对方的积极性。

人们不会因听了诸如"预计会产生多少收益""可以提升几个百分点"的话就应声而动。除了能赚多少钱或是自己的公司能有怎样的发展这种"成长"原动力，他们往往还会确认这个项目的初衷，即"原点"。人们只有在确认事物没有偏离"原点"之后才会安心。还有就是"成就感"。为社会做贡献的成就感是人们行动的原动力。

在日常交谈及提问的时候，我希望你也能够将"原点""成长"及"成就感"的元素带到会话当中。如果你做到这一点，就再也没任何人能够无视你的存在了。

接下来，我还介绍了"262法则"。

日本企业中，有能力且有决策权的人占总人数的两成左右，持消极态度的人所占比例也是两成左右。余下的六成人则没有什么主见，他们的态度视当时的氛围而定。因此我们只要把主要精力放到有决策权的那两成人身上便可。能够做到这一点的话，无论是多么重要的现场演示、多么重要的项目，都只不过是小菜一碟罢了。

阿晴缺乏自信，总是人云亦云，所以我特别希望他能掌握这一技巧。

最后是"故事共享表格"。

成功的展示说明会往往会让与会者产生将这个"商务故事"讲给其他人听的意愿。这次我教给阿晴和白田的就是这个有魔力的表格。

明天上午10点，阿晴和白田就要在社长面前展示他们的成果了。而在不久之前，阿晴甚至连去公司都懒得去，也感受不到工作的压力，说话更是没有一点分量。正因为如此，他毫无斗志，每天除了蒙头大睡就是玩玩游戏。阿晴最近的变化真的非常之大，我觉得自己回来这一趟非常值得。另外，我要对白田表示由衷的感谢。

这次我真的大限已至。渐渐地，我身体的轮廓开始变得模糊，眼睛也看不见东西了，只有鸢尾花的花香扑鼻而来……阿晴，你……不要担心……

故事5：中田晴和白田彩香的企划说明会

早上好！我是第二食品企划部的中田晴，请多多关照。

今天我要向大家介绍的是，如何才能让香月食品公司培育出的啤酒酵母洋葱在我们超市里设置的"料理工房"中得到有效利用。

首先，我们来看一下其中所蕴含的商机。这是由我们所处的环境所决定的。

由于新冠肺炎疫情的影响，我们的生活发生了很大的变化。外出就餐的机会大幅减少，居家办公及自己做饭的次数大幅增加，这就是当前的现状。消费者或是利用快递平台，或是使用APP点餐，每天为了找到可口的饭菜，耗费了大量的时间和精力，早已经不胜其烦。

幸而我们经营的是生活必需品，所以即便是在这种情况下依然有大量的消费者光顾我们的超市。这也就是说，我们的超市是为数不多的、能够直接学习烹饪方法的场所之一。

商机就在于此。

那么我们为什么要选择香月食品公司的洋葱呢？

当然，在很大程度上是因为它美味可口。

其实除此之外还有更深层的原因。儿时的我沉默寡言，不爱跟别人打交道，于是母亲就教我怎么做饭。我还记得和母亲一起做咖喱时的情景。母亲给了我很大的支持，我的心灵也得到了很大的慰藉。

民以食为天。说烹饪是人生的原点也毫不为过。就是这个原点承载着我的整个人生，也给予我在大和食品的工作以巨大的支撑。

沉闷的居家生活似乎永无止境。在这种情况下，跟家人一起做饭、一起进餐的快乐不言而喻。洋葱是一种使用范围极广的食材，可以用它烹制各种菜肴，所以现在正是洋葱大展拳脚的最佳时机。

我们的目标客户是家里有孩子的年轻夫妇。

夫妻双方都要居家办公，正在上小学的孩子也要通过平板电脑等设备接受线上教学。家里的每一个人都要目不转睛地盯着屏幕。

就是在这种环境下，我们的"料理工房"在此时恰恰能够物尽其用，用极为常见的食材、最为普通的做法，帮助一家人一起去品味那不平常的味道。

下面让我来介绍一下菜谱的情况吧。在各位面前的桌子上摆放着几种今天要进行试吃的菜品。我们自从接受了研发100种菜谱的任务之后，就每日潜心钻研。

据中医专家说，生洋葱的辣味有促进气血运行的功效。除此之外，洋葱还能有效预防血栓等。另外，充分加热的洋葱味道甘甜，具有滋补身体的作用。

通过跟其他各种食材搭配组合，洋葱的烹饪方法可以有无数种。我们以这些菜品的烹制难度为基准，将其分为"松""竹""梅"三类。

当然，其中也不乏严格遵循我们自己的理念研发出来的菜品。在公关部的白田彩香、料理工房的各位同事、生产者香月一家及营养学老师的大力协助下，结合在网上收集的信息，我们研发的菜谱数量将近400种，按每天发布一种计算，这些菜谱也要一年以后才能全部发布出去。

我们一定要有自己的风格，避免出现与其他超市雷同的现象。

首先，其他超市并没有像"料理工房"这样的生活型厨艺工作室。

其次，香月食品公司有意与大和食品签订其出产的"香甜的洋葱"独家销售合同。我相信，在百味杂陈之中仍能凸显出其存在感的洋葱，非香月食品公司的产品莫属。

如果上述构想能够全部成为现实的话，来自消费者的诸如"全家一起做饭真的很快乐！""还想学做更多的菜！"之类的呼声一定会很高。

可以在超市里学习做菜也一定会成为人们热议的话题。这对销售额的提升及大和食品的发展大有裨益。

不仅如此,让孩子们从学习烹饪的过程中体味到劳动的快乐,具有很大的社会价值,这对大和食品而言意义重大。

每次我回家探亲的时候,还会跟母亲一起做饭。这也是一份孝心。下次回家的时候我一定要和母亲一起做这次研发的菜品。

我的发言到此结束。谢谢各位的聆听。

中田晴的发言刚一结束,染谷社长就立刻问道:

"中田,这里怎么有一个盘子里盛着一个完整的洋葱呢?"

身后的白田站起身来:

"我来解释一下。这就是以我们独有的理念研发的极简菜品——水煮洋葱。水里只是加入了一些海带和盐而已。这个创意出自一位养生专家。"

染谷社长用筷子夹了一块洋葱放进嘴里,沉默了片刻。会议室里顿时鸦雀无声。片刻的沉默之后,染谷社长点了点头,望着阿晴和白田说:

"你们两个人真是返璞归真啊。谢谢你们让我听到了这么精彩的一番话。"

这次演示会大约用时1个小时。

尾声

阿多走了!

会议结束后,白田跑到阿晴的面前:

"你这个傻瓜!"

"啊!怎么了?"

"你这次的表现那么好,阿多肯定会认为自己已经完成使命了,然后就消失了呀!"

白田的话让阿晴惊出了一身冷汗。

他来不及放下手中的文件,转身就往外跑。白田紧随其后。

从公司到阿晴家乘地铁要坐三站。二人紧握着车厢里的吊环,表情凝重。车门一开,二人又不约而同地跑了起来。

他们跑出检票口,快步下了便利店旁边的台阶,经过了邮局、干洗店之后,就是一个陡坡。

两个年轻人的速度丝毫不减,一路跑了上去。

"阿多要走了!阿多要走了!"

听到白田的话,阿晴再也忍不住了,大滴的泪水从眼中滑落。

就在不久前,阿晴在别人面前还毫无存在感可言。经常有人说他"不知所云""跟人说话时总像是自言自语""语句不连贯"。渐渐地,他在公司里的存在感变得越来越弱。

阿多不忍心看到阿晴变成这样,才穿越时空回到了阿晴的

尾声 阿多走了！

身边。

阿多说过的话像走马灯一样在阿晴的脑海中闪过。

"说话时不要省略主语""回想一下昔日照片中的快乐情景""说话时不准带'反正'之类毫无意义的字眼""三级跳式会话法""神奇的数字三""以五倍的正能量去对抗消极因素""故事共享表格"……

老实说，其中的内容阿晴还没能完全消化理解。

但面对眼前的挑战，就像染谷社长所说的那样，阿晴的表达能力似乎已经达到了返璞归真的境界。

二人穿过公园。

五月明媚的阳光洒落在绿地之上。花坛中的鸢尾花绽放着紫色的花朵，形状好似惺忪的睡眼。

"我想起来了！今天是5月11日，是阿多去世的日子！"

"现在不是说这些的时候！"

白田那近乎嘶吼的声音里夹杂着泪花。

到了阿晴家楼下，二人没有等电梯，而是顺着楼梯一口气跑到了6楼。阿晴从口袋里掏出钥匙开了门。二人一拥而入，向床上望去。阿多总是会趴在那里。

但今天阿多并不在那里。

他们觉得就算阿多的身体变成透明的了，也应该仍然还在这里，就伸手在空气中摸索。

但这一切都是徒劳,他们什么都没能摸到。

"阿多,谢谢你教了我们这么多东西!"

阿晴声音沙哑,白田也是一样。她紧紧抓住阿晴的双手,望向阿多平时趴着的地方时,突然发现枕头旁边有一张小纸条。

纸条上的字体像极了阿晴小时候的字体。原来是阿多的信。

阿晴、白田:

你们在展示说明会上的表现非常好。

从会后染谷社长所说的话来判断,他似乎非常满意。会后他找到了山本部长,决定把养老设施专供食品投入一般消费市场。

养老设施专供食品这个项目本来是由染谷社长直接负责的,他这次准备让你们两个接手这个项目。

看来你们两个的一番心血总算是没有白费。白田,正是因为有了你的大力支持,阿晴才会有此成就,我替阿晴对你表示感谢。

由此可见有一个值得信赖的人在身边是多么重要。是你让我对这个问题有了新的认识。

我现在已经完全变成透明的了,这让我感到万分欣慰,因为这说明我已经把该教的东西都教给你们了。

阿晴,今后你要是觉得苦闷的话,你就想想从前快乐的事。

尾声 阿多走了!

你小时候的快乐和欢愉就是你人生的原点。不要偏离了你的原点。我会一直守护着你。五月的阳光洒落在河滩和堤岸上,我们在尽情地奔跑着。我永远都忘不了当时的情形。

阿晴,如今我已经没有什么好牵挂的了。今后即使我不在你身边,你也不会被别人无视了。

阿晴,有白田在你的身边,我就放心了。

阿多

后记

从阿多那里学到了什么？

从小学四年级到大学三年级这段时间，我养了一只狗。

它的名字就是阿多。它是一只刚毛猎狐犬。从我10岁到20岁这段时间，它一直陪在我身边。

我复读的那段日子，夜里每每感到饥饿，打开冰箱门的那一刻，阿多就会从黄色篮子里的毛巾被中一跃而起。它就睡在厨房。

"太辛苦了，阿多""唉，参加高考真是件苦差事"——回想起小时候，我总是会对它发牢骚。可阿多总是会像哲学家一样一脸镇定，然后伸出舌头对着我的脸连舔两三下。这时我就觉得自己浑身都是劲儿，精神也为之一振。

阿多去世之后，我仍然会对着阿多的照片发牢骚，比如说"真是难办啊""我究竟该如何是好呢"这样的话。其实本书当中的场景，有一部分就是我自己的亲身经历。

进入广告公司之后，我的企划案经常被人无视，甚至连发言时也经常被人无视，当时我的存在感简直接近于零。这就是我开始和想象中的阿多交流的原因。

我写这本书的时候，大和出版社的礒田千纮再次给予了我大力支持，当我每天独自一人奋笔疾书，寂寞和写不下去的烦恼困扰着我时，他总是会像书中的阿多和白田一样给我安慰和鼓励。礒田千纮真的是一位值得信赖的朋友和伙伴，这已经是我们合作的第四本书了，我衷心地感谢他。

另外，我这个人对合同、理财、日程安排等完全不在行，幸亏有小幡茉莉在，正是她帮我打理这一切，我的工作才会进展得如此顺利。

我还要感谢一位叫太田光笑的年轻人，这次他给了我很多宝贵的意见。光笑，恭喜你顺利毕业，希望今后你还能多提宝贵意见。

除此以外，我还要感谢我的母亲。是她在我一年多的居家办公生活期间，每天早上都用她那充满活力的声音给予我鼓励。

就是因为我想起了母亲，才写了中田儿时的情景。

最后，我最应该感谢的，应该就是此刻手捧此书的读者朋友们了。

读罢以后，您的耳畔如果能够响起阿多的那句"放心吧，因为有我在"，我将不胜荣幸。再次向您致以诚挚的谢意！

蠹田吉昭